# ESTUDIOS BÍBLICOS
## Para Presbiterianos Cumberland

Milton L. Ortiz

Copyright © 2016 by Missions Ministry Team
of the Cumberland Presbyterian Church.

All rights reserved.

First Printing: October 2016

ISBN: 1945929014
ISBN-13: 978-1945929014

Cumberland Presbyterian Church
Missions Ministry Team
8207 Traditional Place
Cordova, TN 38016

# INTRODUCCION

Del punto de vista doctrinal, en general hay dos clases principales de creencias. Un grupo que cree que la salvación del ser humano depende únicamente de la elección de Dios, quien es el único responsable por la salvación de cada individuo. Al otro extremo están otros grupos que creen que el ser humano tiene un rol determinante en su decidir sobre su propia salvación. Según esta doctrina, cada persona se salvará o se perderá de acuerdo a lo que haga y a su capacidad de permanecer fiel hasta el fin de su vida. Entre estos extremos hay una teología media. Esta teología media es aceptada por los Presbiterianos Cumberland, tanto en teoría como en la práctica. De acuerdo con esta creencia, la responsabilidad para nuestra salvación es *de Dios y del ser humano*. Pero existe un equilibrio entre las dos fuerzas, de manera que la salvación no es ni un acto arbitrario por parte de Dios ni depende únicamente de las obras del ser humano.[1]

Los siguientes estudios bíblicos están basados en la *Confesión de Fe para Presbiterianos Cumberland.* La intención es que los creyentes puedan comprender y declarar lo que creemos nosotros como Presbiterianos Cumberland.

El propósito de nuestra Confesión de Fe es doble: Primero, proveer un medio por el cual las personas que han sido salvas, redimidas y reconciliadas con Dios por medio Jesucristo, en el poder del Espíritu Santo, entiendan y afirmen su Fe. Segundo, dar testimonio de la obra salvadora de Dios de tal manera que los que no han sido salvos, redimidos y reconciliados puedan creer en Jesucristo como Señor y Salvador y experimentar su salvación.

---

[1] Ewell K. Reagin, *Lo Que Creen los Presbiterianos Cumberland,* Cordova, TN: CPC, 2013, 14-15

La *Confesión de Fe* inicia su declaración diciendo, "Porque de tal manera amó Dios al mundo, que ha dado a su Hijo unigénito, para que todo aquel que en él cree, no se pierda, mas tenga vida eterna" (Juan 3:16, RV). Este es el evangelio en miniatura, es el testimonio de los Presbiterianos Cumberland desde el origen de su iglesia, la declaración de propósito de su *Confesión de Fe* y el principio de su organización.

La *Confesión de Fe* expresa en siete puntos la cosmovisión cristiana de la iglesia:

1. *Dios habla a la familia humana*. El Dios Vivo, Padre, Hijo y Espíritu Santo, habla al ser humano en las Escrituras y por las escrituras. La Voluntad de Dios es revelada en las Escrituras y por medio de lo creado, pero especialmente en la persona de Jesucristo. Dios creó todo, pero solo los seres humanos fueron creados a imagen de Dios, varón y hembra fueron creados iguales. Dios provee cuidado providencial a todo lo creado, ya que su propósito es que toda la creación sea liberada de su esclavitud del pecado y la muerte y que sea renovada en Jesucristo. La Ley moral de Dios tiene como propósito en el ser humano, proveer sanidad espiritual, mental, física y social.

2. *La familia humana rompe relaciones con Dios*. Al crear Dios al ser humano, le dio libertad para responder a la gracia divina en obediencia y amor, sin embargo el ser humano rechazó su dependencia de Dios abusando de su libertad. Todos los seres humanos, al igual que Adán y Eva, pecan voluntariamente y se hacen culpables ante Dios. Bajo esta misma libertad los seres humanos pueden si lo desean ser salvos a través de Jesucristo.

3. *Dios obra a través de Jesucristo para reconciliar al mundo*. El pacto de Dios fue la forma como se efectuó la salvación a través de Jesucristo, la Palabra encarnada, la esencia del único pacto de gracia. Jesús el Cristo, el Hijo divino, se encarnó para ser el medio por el cual los pecados del mundo fueran perdonados. Esta obra reconciliadora ocurrió en un tiempo y lugar específico, pero sus beneficios y poder se extienden a todo creyente, en toda época.

4. *Dios obra a través del Espíritu Santo*. El llamado y obra del Espíritu Santo antecede todo deseo, propósito e intención del ser humano de aceptar a Jesús como Señor y Salvador. El ser humano puede resistir y rechazar este llamado, pero los que

respondan reciben salvación y vida eterna. El arrepentimiento y la confesión honesta de los pecados son necesarios para participar de la gracia salvadora y el perdón de Dios. La fe salvadora es entonces la respuesta del ser humano hacia Dios. La justificación, la regeneración y la adopción son diferentes palabras que usamos para describir el don de la salvación. La santificación es la obra por medio de la cual los creyentes han sido apartados por Dios para servirle en el mundo. Como la lucha contra el pecado continúa, porque los creyentes aún son imperfectos, el crecimiento en la gracia significa nuestra dependencia del poder de Dios, hasta ser conformados a la nueva imagen en Cristo Jesús. La obra que comenzó con la regeneración y la justificación, será completada, es decir que los creyentes serán preservados para la vida eterna. La seguridad cristiana depende de las promesas de Dios en su palabra, la paz interior y del testimonio del Espíritu Santo.

5. *Dios crea la iglesia para una misión.* La iglesia está conformada por todos aquellos que han respondido a la gracia salvadora de Dios y han entrado en un pacto formal. Estar en comunión cristiana significa estar unidos los unos a los otros así como lo estamos a Cristo. En la adoración cristiana los creyentes reconocen la presencia de Dios y sus actos poderosos. Los sacramentos son actos de gracia, el bautismo es un signo externo y simboliza el bautismo del Espíritu Santo, en la cena del Señor recordamos y proclamamos la pasión y muerte de nuestro Señor. La iglesia ha sido comisionada para dar testimonio a todas las personas que no han recibido a Cristo como Señor y Salvador. El gobierno de la iglesia se hace por medio de ciertos cuerpos representativos: el consistorio, el presbiterio, el sínodo y la Asamblea General.

6. *Los cristianos viven y dan testimonio en el mundo.* La libertad cristiana que tienen los creyentes, significa que Dios nos habilita para que lleguemos a ser lo que él quiere que seamos, para dar testimonio del Señor y para servir a Dios y al prójimo. Como creyentes no podemos practicar el pecado bajo el pretexto de esta libertad, porque significaría violar la naturaleza y propósito de esta libertad. El ser salvos por gracia, produce el deseo de hacer las buenas obras para las cuales fuimos creados. Todo lo que existe es de Dios y ha sido encomendado al ser humano, entonces como creyentes somos responsables por nuestra mayordomía cristiana. El matrimonio es entre hombre y mujer, y

es la relación normal en la que los niños nacen, y la familia es la comunidad básica en la que experimentamos el amor, el apoyo, la disciplina y otras bendiciones. En el día del Señor, el primer día de la semana, la iglesia se reúne para adorar, estudiar y hacer buenas obras. Los votos y juramentos legales deben hacerse con cuidado, cumpliendo con fidelidad lo que esté de acuerdo a las Escrituras. Los creyentes deben participar en el gobierno civil como estén capacitados, mientras la iglesia debe oponerse, resistir y tratar de cambiar toda circunstancia de opresión.

7. *Dios consuma la vida y la historia.* La muerte es una realidad y los creyentes tienen la seguridad que en Cristo hay una esperanza, que después de su muerte su redención será completa en la resurrección del cuerpo. El juicio de Dios es tanto presente como futuro y las personas experimentan esto en formas tales como relaciones rotas con Dios y con los demás, culpa y consecuencias de sus propias acciones, y la ansiedad que viene como resultado de no tener una relación con Dios y un propósito en la vida. En la consumación de la historia, Cristo vendrá por segunda vez, y los reinos del mundo llegarán a ser el reino del Señor y de Cristo, y El reinará por siempre.

# CONTENIDO

**1.00 DIOS HABLA A LA FAMILIA HUMANA**

### EL DIOS VIVO
13. El Dios Vivo
14. El Dios Que Habla
15. El Dios Que Invita

### LAS SAGRADAS ESCRITURAS
17. Dios en las Sagradas Escrituras
18. El Dios Que Habla en las Escrituras
19. La Autoridad de las Sagradas Escrituras
20. La Compresión de las Sagradas Escrituras

### LA VOLUNTAD DE DIOS
22. La Voluntad de Dios
23. Actitud Frente a la Voluntad de Dios

### LA CREACIÓN
25. El Dios Creador
26. Creación de los Seres Humanos
27. Nuestra Responsabilidad por el Mundo Natural

### LA PROVIDENCIA
29. La Providencia Divina
30. La Actividad Directa de Dios
31. Propósito de la Providencia Divina
32. Diseño de la Providencia Divina
33. La Iglesia y la Providencia Divina
34. La Presencia de Dios en Toda Circunstancia

### LA LEY DE DIOS
36. La Ley de Dios
37. La Ley Moral
38. La Ley Moral y el Evangelio
39. Propósito de la Ley Moral

**2.00 LA FAMILIA HUMANA ROMPE RELACIONES CON DIOS**

### LA LIBERTAD HUMANA
42. La Libertad Humana
43. La Responsabilidad Humana

### EL ABUSO DE LA LIBERTAD
45. El Abuso de la Libertad
46. La Condición Humana
47. El Pecar Voluntariamente
48. La Alienación de la Persona

**3.00 DIOS OBRA A TRAVES DE JESUCRISTO PARA RECONCILIAR AL MUNDO**

### EL PACTO DE DIOS
51. La Obra de Dios
52. El Pacto de Dios
53. El Pacto de Dios Una Relación de Gracia
54. Jesucristo la Esencia del Único Pacto de Gracia
55. El Pacto Después de la Venida de Cristo
56. Los Niños y el Pacto de Gracia

### CRISTO EL SALVADOR
58. Cristo el Salvador
59. Jesucristo la Única Esperanza de Reconciliación

60. La Obra de Jesucristo
61. La Obra del Espíritu Santo
62. La Obra Reconciliadora de Dios

**4.00 DIOS OBRA A TRAVES DEL ESPÍRITU SANTO**

*EL LLAMADO Y LA OBRA DEL ESPÍRITU SANTO*

65. El Llamado y la Obra del Espíritu Santo
66. ¿Cómo Obra el Espíritu Santo?
67. El Llamado del Espíritu Santo
68. Resistencia y Rechazo al Espíritu Santo

*EL ARREPENTIMIENTO Y LA CONFESIÓN*

70. El Arrepentimiento
71. La Necesidad del Arrepentimiento
72. La Confesión

*LA FE SALVADORA*

74. La Fe Salvadora
75. La Fe es un Don de Dios
76. El Perdón de los Pecados
77. Tentación y Luchas

*LA JUSTIFICACIÓN*

79. La Justificación
80. Aceptados por la Gracia de Dios
81. La Realidad de la Naturaleza Pecaminosa

*LA REGENERACIÓN Y LA ADOPCIÓN*

83. La Regeneración
84. La Necesidad de Ser Regenerados
85. La Regeneración la Realiza el Espíritu Santo
86. La Influencia del Espíritu Santo
87. Los Que Mueren en la Infancia
88. La Adopción

*LA SANTIFICACIÓN Y EL CRECIMIENTO EN LA GRACIA*

90. La Santificación
91. El Crecimiento en la Gracia
92. La Lucha Interior

*LA PRESERVACIÓN DE LOS CREYENTES*

94. La Preservación de los Creyentes
95. La Base de la Preservación de los Creyentes
96. Pecado en los Creyentes

*LA SEGURIDAD CRISTIANA*

98. La Seguridad Cristiana de Salvación
99. Base de la Seguridad Cristiana de Salvación
100. Creciendo en la seguridad Cristiana

**5.00 DIOS CREA LA IGLESIA PARA UNA MISIÓN**

*LA IGLESIA*

103. La Iglesia Universal
104. La Cabeza de la Iglesia
105. La Santidad de la Iglesia
106. La Universidad de la iglesia
107. La Base Apostólica de la Iglesia
108. ¿Quiénes Conforman la Iglesia?
109. ¿Quiénes Conforman la Iglesia en el Mundo?
110. La Voluntad de Dios Para los Creyentes
111. ¿Para Qué Existe la Iglesia?
112. La Comunión Cristiana
113. Relación con Otros Grupos Religiosos

*LA ADORACIÓN CRISTIANA*

115. La Adoración Cristiana
116. ¿Qué sucede en la Adoración?
117. ¿Qué incluye la Adoración Cristiana?

118. ¿Cuándo se Debe Adorar a Dios?

**LOS SACRAMENTOS**
120. Los Sacramentos
121. ¿Quién Ordenó los Sacramentos del Nuevo Testamento?

**EL BAUTISMO**
123. ¿Qué Simboliza el Bautismo?
124. ¿Quiénes Pueden Ser Bautizados?
125. El Elemento Usado en el Bautismo
126. Modo de Bautismo
127. El Bautismo y la Salvación

**LA CENA DEL SEÑOR**
129. La Cena del Señor
130. Los Elementos Usados en la Cena del Señor
131. Significado Para Quienes Participan de la Cena
132. ¿Quiénes Pueden Participar de la Cena del Señor?
133. ¿Cuándo se Debe Celebrar la Cena del Señor?

**LA IGLESIA EN MISIÓN**
135. La Iglesia en Misión
136. El Crecimiento de la Iglesia
137. El Cristiano y Personas de Otras Religiones
138. La Responsabilidad de Dar Testimonio

**EL GOBIERNO DE LA IGLESIA**
140. El Gobierno de la Iglesia
141. Responsabilidades de los que Gobiernan la Iglesia

**LOS TRIBUNALES DE LA IGLESIA**
143. Los Tribunales de la Iglesia
144. Responsabilidades de los Cuerpos Representativos

**6.00 LOS CRISTIANOS VIVEN Y DAN TESTIMONIO EN EL MUNDO**

**LA LIBERTAD CRISTIANA**
147. La Libertad Cristiana
148. La Libertad de Conciencia
149. Pecar Bajo Pretexto de Libertad Cristiana
150. Asuntos Civiles o Eclesiásticos
151. La Lealtad Cristiana

**LAS BUENAS OBRAS**
153. Las Buenas Obras
154. Las Buenas Obras y la Gracia
155. Las Buenas Obras y la Salvación
156. Tipos de Buenas Obras

**LA MAYORDOMÍA CRISTIANA**
158. La Mayordomía Cristiana
159. Motivación para la Mayordomía Cristiana
160. Los Dones
161. El Diezmo
162. Responsabilidad por Nuestra Mayordomía

**EL MATRIMONIO Y LA FAMILIA**
164. El Matrimonio y la Familia
165. Estructuras Familiares
166. El Matrimonio Bíblico
167. Duración del Matrimonio Cristiano
168. El Matrimonio Cristiano y la Monogamia
169. La Relación Matrimonial
170. Preparación para el Matrimonio
171. Necesidades de la Personas

**EL DÍA DEL SEÑOR**
173. El Día del Señor
174. Observancia del Día del Señor

## VOTOS Y JURAMENTOS LEGALES
176. Juramentos Legales
177. El Voto

## EL GOBIERNO CIVIL
179. El Gobierno Civil
180. Participación en el Gobierno Civil
181. El Gobierno Civil y la Iglesia
182. Llamado a la Justicia
183. Acciones de Justicia
184. El Ministerio de la Reconciliación

## 7.00 DIOS CONSUMA TODA LA VIDA Y LA HISTORIA

## LA MUERTE Y LA RESURRECCIÓN
187. La Muerte
188. La Redención Completa
189. La Resurrección de los Muertos
190. Redención Plena sin Juicio

## EL JUICIO Y LA CONSUMACIÓN
192. El Juicio de Dios
193. El Juicio de Dios en el Mundo
194. El Infierno
195. La Consumación

# 1.00
# DIOS HABLA
# A LA FAMILIA HUMANA

# El Dios Vivo

### El Dios Vivo

**1.01** Nosotros creemos en el único Dios vivo y verdadero, Padre, Hijo y Espíritu Santo; quien es amor santo, eterno, inmutable, sabiduría, poder, santidad, justicia, bondad y verdad.[2]

1. ¿Qué significa que nosotros creamos en el único Dios vivo, el único Dios verdadero?
2. ¿Qué significa que este Dios único, vivo y verdadero sea Padre, Hijo y Espíritu Santo?
3. ¿Has experimentado en tu vida este Dios vivo y verdadero?

**Lectura para hoy**: 1 Juan 4:7-10
1. ¿Cuál es el mensaje de hoy?

2. Mi desafío practico para hoy:

**Oración:**
   La gloria y la alabanza sean para ti, el único Dios vivo y verdadero, Padre, Hijo y Espíritu Santo; Tú eres amor santo, eterno, inmutable, sabiduría, poder, santidad, justicia, bondad y verdad. Gracias por demostrar tu amor al enviar a Jesucristo para el perdón de nuestros pecados y para que vivamos por medio de Él. Tú nos llamas a amarnos unos a otros porque el amor es tuyo. Permítenos ser fieles a este llamado. Amén.

---

[2] **1.01** Deuteronomio 6:4-5, 32:3-4; 1 Crónicas 29:10-12; Salmos 33:4-5, 89:5-18, 99, 102:25-27, 103, 111, 145:8-21; Isaías 6:1-3; Malaquías 3:6; Juan 3:16; 1 Corintios 8:4-6; 1 Timoteo 2:5-6; 1 Juan 4:7-10; Apocalipsis 1:8, 15:3-4

**El Dios Que Habla**

**1.02** El único Dios vivo, quien es Padre, Hijo y Espíritu Santo - la Santa Trinidad - habla por medio de las Sagradas Escrituras, los eventos naturales e históricos, los apóstoles, los profetas, los evangelistas, los pastores, los maestros, pero de forma única por medio de Jesucristo, la Palabra encarnada.[3]

1. ¿Te habla Dios en tu vida diaria?
2. ¿Cómo habla Dios por medio de las Sagradas Escrituras? ¿Los eventos naturales e históricos? ¿Los apóstoles, profetas, evangelistas, pastores y maestros?
3. ¿Qué significa que Jesús es la Palabra encarnada?

**Lectura para hoy:** Hebreos 1:1-4
1. ¿Cuál es el mensaje de hoy?

2. Mi desafío practico para hoy:

**Oración:**
*Bendito seas tú, el único Dios vivo, Padre, Hijo y Espíritu Santo - la Santa Trinidad – que nos hablas por medio de las Sagradas Escrituras, los eventos naturales e históricos, los apóstoles, los profetas, los evangelistas, los pastores, los maestros, pero de forma única por medio de nuestro Señor Jesucristo, la Palabra encarnada. Gracias por la purificación de nuestros pecados por medio de Jesucristo. Abre nuestro oído para escuchar la Palabra encarnada. Amén.*

---

[3] **1.02** Éxodo 3:1-6; Salmos 19:1-6; Mateo 28:18-20; Juan 1:1-18, 3:16-17; Hechos 7; Romanos 1:18-20; 1 Corintios 1:30-31; 2 Corintios 13:14; Efesios 4:11-13; Filipenses 2:5-11; Colosenses 1:13-20, 2:8-10; 2 Timoteo 3:14-17; Hebreos 1, 2, 5:5-10; 2 Pedro 1:19-21

### El Dios Que Invita

**1.03** Por medio de palabras y hechos, Dios invita a las personas a una relación de pacto. Dios promete ser fiel al pacto y hacer suyos a todos los que creen. Todos los que responden a la invitación de Dios, con confianza y compromiso, encuentran segura la promesa y se regocijan en ser miembros del pueblo de Dios, que es la comunidad del pacto.[4]

1. ¿Has respondido a la invitación de Dios a entrar en una relación de pacto con él?
2. Qué significa que Dios sea fiel al pacto?
3. Qué significa responder con confianza y compromiso?

**Lectura para hoy:** Deuteronomio 7:9
1. ¿Cuál es el mensaje de hoy?

2. Mi desafío practico para hoy:

**Oración:**
*Por medio de palabras y hechos, Señor Dios, tú, nos invitas a una relación de pacto. Tú, prometes ser fiel al pacto y hacer tuyos a todos los que creen. Todos los que respondemos a tu invitación, con confianza y compromiso, encontramos segura la promesa y nos regocijamos en ser miembros del pueblo de Dios, que es la comunidad del pacto. Gracias por ser el Dios verdadero y el Dios fiel. Permítenos ser personas que te aman y te obedecen siempre. Amén.*

---

[4] **1.03** Génesis 9:8-17; Deuteronomio 7:9; Salmos 36:5, 89:1-5; Jeremías 31:31-34; 1 Corintios 1:4-9; 2 Corintios 3:14-18; Hebreos 8, 9:11-28, 10:19-25

# Las Sagradas Escrituras

### Dios en las Sagradas Escrituras

**1.04** Las palabras y hechos de Dios en la creación, providencia, juicio y redención son atestiguados por la comunidad del pacto en las Escrituras del Antiguo y Nuevo Testamento.[5]

ANTIGUO TESTAMENTO: Génesis, Éxodo, Levítico, Números, Deuteronomio, Josué, Jueces, Rut, 1 Samuel, 2 Samuel, 1 Reyes, 2 Reyes, 1 Crónicas, 2 Crónicas, Esdras, Nehemías, Ester, Job, Salmos, Proverbios, Eclesiastés, Cantares, Isaías, Jeremías, Lamentaciones, Ezequiel, Daniel, Oseas, Joel, Amós, Abdías, Jonás, Miqueas, Nahúm, Habacuc, Sofonías, Hageo, Zacarías, Malaquías.

NUEVO TESTAMENTO: Mateo, Marcos, Lucas, Juan, Hechos, Romanos, 1 Corintios, 2 Corintios, Gálatas, Efesios, Filipenses, Colosenses, 1 Tesalonicenses, 2 Tesalonicenses, 1 Timoteo, 2 Timoteo, Tito, Filemón, Hebreos, Santiago, 1 Pedro, 2 Pedro, 1 Juan, 2 Juan, 3 Juan, Judas, Apocalipsis.

1. ¿Qué significa atestiguar?
2. ¿Qué tanto disfrutas estudiando la Biblia?
3. ¿Sabes de memoria los libros de la Biblia?

**Lectura para hoy**: Juan 5:39
1. ¿Cuál es el mensaje de hoy?

2. Mi desafío practico para hoy:

**Oración:**
*Dios, tus palabras y hechos en la creación, providencia, juicio y redención son atestiguados por la comunidad del pacto en las Escrituras del Antiguo y Nuevo Testamento. Estudiamos las Escrituras con diligencia para encontrar la vida eterna. Ellas dan testimonio de tu Hijo Jesucristo. Hoy nosotros venimos a tu Hijo para tener esa vida eterna. Amén.*

---

[5] **1.04** Génesis 1-3, 6-8, 11:1-9, 19:1-29, 37, 39-50; Éxodo 1:19; 1 Reyes 17:1-6, 19:4-8; 2 Reyes 22; Isaías 53, 55; Amós 2; Hechos 7; Romanos 4; Gálatas 3:6-14; Efesios 1:3-14

### El Dios Que Habla en las Escrituras

**1.05** Dios inspiró personas de la comunidad del pacto para escribir las Sagradas Escrituras. Dios habla en las Escrituras y a través de ellas, acerca de la creación, el pecado, el juicio, la salvación, la iglesia y la edificación de los creyentes. Las Sagradas Escrituras son la guía infalible para la fe y la conducta, la regla de autoridad para la vida cristiana.[6]

1. ¿Qué significa que Dios inspiró personas para escribir las Sagradas Escrituras?
2. ¿Qué significa que Dios hable en las escrituras y a través de ellas?
3. ¿Qué significa que las Sagradas Escrituras son la guía infalible para la fe y la conducta, la regla de autoridad para la vida cristiana?

**Lectura para hoy**: 2 Pedro 1:19-21

1. ¿Cuál es el mensaje de hoy?

2. Mi desafío practico para hoy:

**Oración:**

*Tú Dios, inspiraste personas de la comunidad del pacto para escribir las Sagradas Escrituras. Tú hablas en las Escrituras y a través de ellas, acerca de la creación, el pecado, el juicio, la salvación, la iglesia y la edificación de los creyentes. Tus Sagradas Escrituras son nuestra guía infalible para la fe y la conducta, nuestra regla de autoridad para la vida cristiana. Despierta en nosotros la necesidad de estudiar y meditar las Escrituras cada día. Amén.*

---

[6] **1.05** Génesis 1-3; Éxodo 24:3-4; Deuteronomio 31:9-13; Josué 8:30-35; Juan 3:16-17, 20:30-31; Hechos 1:16; 1 Corintios 2:11-13; Efesios 4:11-16; 2 Timoteo 3:14-17; 2 Pedro 1:19-21, 3:18

### La Autoridad de las Sagradas Escrituras

**1.06** La Palabra de Dios hablada en las Sagradas Escrituras y por medio de ellas, debe ser comprendida a la luz del nacimiento, vida, muerte y resurrección de Jesús de Nazaret. La autoridad de las Sagradas Escrituras se basa en la verdad contenida en ellas, y la voz de Dios que habla a través de ellas.[7]

1. ¿Qué significa que la Palabra de Dios debe ser comprendida a la luz del nacimiento, vida, muerte y resurrección de Jesús?
2. ¿Qué significa que la autoridad de las Sagradas Escrituras se basa en la verdad contenida en ellas, y la voz de Dios que habla a través de ellas?

**Lectura para hoy**: 1 Juan 5:9-12
1. ¿Cuál es el mensaje de hoy?

2. Mi desafío practico para hoy:

**Oración:**
*Entendemos Dios, que tu Palabra hablada en las Sagradas Escrituras y por medio de ellas, debe ser comprendida a la luz del nacimiento, vida, muerte y resurrección de Jesús de Nazaret. También entendemos que la autoridad de tus Sagradas Escrituras se basa en la verdad contenida en ellas, y tu voz que habla a través de ellas. Enséñanos a oír tu voz que habla a través de las Escrituras. Amén.*

---

[7] **1.06** Salmos 119:142, 151-152; Mateo 5:21-48, 17:4-8; Juan 16:12-15, 17:7-8; Hebreos 1; 1 Juan 5:9

**La Comprensión de las Sagradas Escrituras**

**1.07** Para comprender la Palabra de Dios hablada en las Escrituras y por medio de ellas, las personas deben tener la iluminación del Espíritu de Dios. Además, deben estudiar los escritos de la Biblia en su trasfondo histórico, comparar las Escrituras con las Escrituras, escuchar el testimonio de la iglesia a través de los siglos, y compartir sus conocimientos con otros en la comunidad del pacto.[8]

1. ¿Qué significa tener la iluminación del Espíritu Santo para comprender la Palabra de Dios?
2. ¿Qué significa estudiar los escritos de la Biblia en su trasfondo histórico, comparar las Escrituras con las Escrituras, escuchar el testimonio de la iglesia a través de los siglos, y compartir sus conocimientos con otros?

**Lectura para hoy**: 1 Corintios 2:9-13
1. ¿Cuál es el mensaje de hoy?

2. Mi desafío practico para hoy:

**Oración:**

*Señor Dios, entendemos que para comprender tu Palabra hablada en las Escrituras y cuando hablas por medio de ellas, las personas debemos tener la iluminación de tu Espíritu. Además, debemos estudiar los escritos de la Biblia en su trasfondo histórico, comparar las Escrituras con las Escrituras, escuchar el testimonio de la iglesia a través de los siglos, y compartir sus conocimientos con otros en la comunidad del pacto. Danos hambre y sed de tu Palabra cada día. Amén.*

---

[8] **1.07** Juan 14:25-27, 16:12-15; Hechos 15-18; 1 Corintios 2:9-13

# La Voluntad de Dios

### La Voluntad de Dios

**1.08** La voluntad de Dios para las personas y para toda la creación es completamente sabia y buena. Aunque la voluntad de Dios es revelada en las Escrituras y en los eventos de la naturaleza y de la historia, se da a conocer supremamente en la persona de Jesucristo, quien cumplió la voluntad de Dios aún hasta la muerte.[9]

1. ¿Cuál es la importancia de la declaración: "La voluntad de Dios para todas las personas y para toda la creación es completamente sabia y buena"?
2. ¿Cuáles son las cuatro formas en que Dios revela su voluntad?
3. ¿En qué forma Jesucristo dio a conocer la voluntad de Dios?

**Lectura para hoy**: Hebreos 5:7-10
1. ¿Cuál es el mensaje de hoy?

2. Mi desafío practico para hoy:

**Oración:**
*Tu voluntad, Señor Dios, para las personas y para toda la creación es completamente sabia y buena. Aunque tu voluntad es revelada en las Escrituras y en los eventos de la naturaleza y de la historia, se da a conocer supremamente en la persona de Jesucristo, quien cumplió tu voluntad aún hasta la muerte. Enséñanos a obedecer a Cristo y a imitarlo. Amén.*

---

[9] **1.08** Deuteronomio 18:15-19; Salmos 33:4-5, 34:8; Mateo 26:36-46; Juan 5:30-47, 10:11-18; Romanos 1:18-23, 2:4; Efesios 1:3-14, 3:1-12; Hebreos 5:7-10

### Actitud Frente a la Voluntad de Dios

**1.09** La voluntad de Dios es revelada suficientemente de manera que las personas respondan en adoración, amor y servicio, pero aun así, deben mantener reverencia y admiración ante el misterio de los caminos divinos.[10]

1. ¿Qué espera Dios de las personas, al revelar su voluntad?
2. ¿Sabes cuál es la voluntad de Dios para tu vida?
3. ¿Qué significa el misterio de los caminos divinos?

**Lectura para hoy**: Romanos 1:18-23
1. ¿Cuál es el mensaje de hoy?

2. Mi desafío practico para hoy:

**Oración:**
*Tu voluntad, Señor Dios, es revelada suficientemente de manera que las personas respondamos en adoración, amor y servicio a ti, pero aun así, debemos mantener reverencia y admiración ante el misterio de los caminos divinos. Permítenos glorificarte como Dios, ser agradecidos y determinar nunca cambiarte a ti por otras cosas. Amén.*

---

[10] **1.09** Isaías 40:12-18, 45:9-11; Romanos 1:18-23, 2:12-16, 11:33-36

# La Creación

### El Dios Creador

**1.10** Dios es el creador de todo lo conocido y lo no conocido. Toda la creación revela la gloria, el poder, la sabiduría, la belleza, la bondad y el amor de Dios.[11]

1. ¿Qué es lo conocido? ¿Qué es lo no conocido?
2. ¿En qué forma la creación revela la gloria, el poder, la sabiduría, la belleza, la bondad y el amor de Dios?

**Lectura para hoy**: Salmos 19:1-6
1. ¿Cuál es el mensaje de hoy?

2. Mi desafío practico para hoy:

**Oración:**
*Dios, tu eres el creador de todo lo conocido y lo no conocido. Toda la creación revela tu gloria, tu poder, tu sabiduría, tu belleza, tu bondad y tu amor. Gracias por tu creación y por permitirnos conocerte a través de ella. Amén.*

---

[11] **1.10** Génesis. 1-2; Éxodo 20:11; Nehemías 9:6; Salmos 19:1-6, 24:1-2, 95:3-7, 104; Juan 1:1-3; Hechos 14:14-17

### Creación de los Seres Humanos

**1.11** Entre todas las formas de vida, sólo los seres humanos son creados según la imagen de Dios. Ante los ojos de Dios, varón y hembra son creados iguales y complementarios. Reflejar la imagen divina significa adorar, amar y servir a Dios.[12]

1. ¿Qué significa que los seres humanos somos creados según la imagen de Dios?
2. ¿Qué significa que varón y hembra somos creados iguales y complementarios?
3. ¿Qué significa reflejar la imagen de Dios?

**Lectura para hoy**: Génesis 1:26-27; Gálatas 3:27-28
1. ¿Cuál es el mensaje de hoy?

2. Mi desafío practico para hoy:

**Oración:**

*Señor Dios, entre todas las formas de vida, sólo los seres humanos somos creados según tu imagen. Ante tus ojos, varón y hembra somos creados iguales y complementarios. Reflejar la imagen divina significa adorarte, amarte y servirte. Amén.*

---

[12] **1.11** Génesis 1:26-27, 2:7, 5:1-2; Job 33:4; Salmos 8:3-8, 100:3; Gálatas 3:27-28

### Nuestra Responsabilidad por el Mundo Natural

**1.12** El mundo natural es de Dios. Sus recursos, hermosura y orden les son encomendados a todos los pueblos para cuidarlos, conservarlos, gozarlos y usarlos para el bien de todos y por lo tanto para glorificar a Dios.[13]

1. ¿Qué es el mundo natural?
2. ¿Qué significa que los recursos, hermosura y orden les son encomendados a todos los pueblos para cuidarlos, conservarlos, gozarlos y usarlos para el bien de todos y por lo tanto para glorificar a Dios?

**Lectura para hoy**: Génesis 1:26-30
1. ¿Cuál es el mensaje de hoy?

2. Mi desafío practico para hoy:

**Oración:**
*Señor Dios, el mundo natural es tuyo. Reconocemos que sus recursos, hermosura y orden nos son encomendados a todos los pueblos para cuidarlos, conservarlos, gozarlos y usarlos para el bien de todos y por lo tanto para glorificarte a ti. Permítenos asumir nuestra responsabilidad por la naturaleza. Amén.*

---

[13] **1.12** Génesis 1:26; Salmos 24:1, 50:10-11; Hageo 2:8; 1 Corintios 4:7

# La Providencia

### La Providencia Divina

**1.13** Dios ejerce un cuidado providencial sobre todas las criaturas, pueblos, naciones y cosas. La manera por la cual se ejerce este cuidado es revelada en las Escrituras.[14]

1. ¿Qué significa un cuidado providencial?
2. ¿Por qué Dios ejerce un cuidado providencial sobre todas las criaturas, pueblos, naciones y cosas?

**Lectura para hoy**: Mateo 6:25-34
1. ¿Cuál es el mensaje de hoy?

2. Mi desafío practico para hoy:

**Oración:**
*Dios, tu ejerces un cuidado providencial sobre todas las criaturas, pueblos, naciones y cosas. La manera por la cual se ejerce este cuidado es revelada en las Escrituras. Gracias por la promesa de tu provisión para nosotros. Reconocemos que todo lo que tenemos viene de ti. Amén.*

---

[14] **1.13** Génesis 4, 6-9, 12-22, 27-33, 35, 37, 39-50; Éxodo 1-20, 33; Job 38-41; Salmos 23, 27, 34, 37, 90-91, 105, 107, 121; Isaías. 25:1-5, 40-45; Mateo 5:45, 6:25-34, 7:7-12, 10:29-31; Romanos 8:28-39; 2 Timoteo 1:11-12, 4:14-18; 1 Pedro 5:6-11

### La Actividad Directa de Dios

**1.14** Normalmente Dios ejerce su providencia a través de los eventos de la naturaleza y la historia, utilizando instrumentos tales como las personas, las leyes y las Escrituras; sin embargo, Él conserva la libertad de obrar con ellos y sobre ellos. Toda la creación permanece abierta a la actividad directa de Dios.[15]

1. ¿A través de qué eventos normalmente ejerce Dios su providencia?
2. ¿Qué elementos utiliza Dios para ejercer su providencia?
3. ¿Qué significa que Dios conserva la libertad de obrar con ellos y sobre ellos?
4. ¿Qué significa que toda la creación permanece abierta a la actividad directa de Dios?

**Lectura para hoy**: Jeremías 1:4-10
1. ¿Cuál es el mensaje de hoy?

2. Mi desafío practico para hoy:

**Oración:**

*Señor Dios, nosotros entendemos que normalmente tú ejerces tu providencia a través de los eventos de la naturaleza y la historia, utilizando instrumentos tales como las personas, las leyes y las Escrituras; sin embargo, tú conservas la libertad de obrar con ellos y sobre ellos. Toda la creación permanece abierta a tu actividad directa. Háblanos a nosotros de forma personal para conocer tu voluntad para nuestras vidas. Amén.*

---

[15] **1.14** Éxodo 9:13-16; Josue 1:5-9; Salmos 135:5-7; Jeremías 1:4-10; Mateo 19:26; Lucas 3:8; Hechos 22:12-15, 27:22-25; Romanos 4:18-21

**Propósito de la Providencia Divina**

**1.15** El propósito de la providencia divina es que toda la creación sea liberada de su esclavitud al pecado y a la muerte, y que sea renovada en Jesucristo.[16]

1. ¿Cuál es el propósito de la providencia divina?
2. ¿Qué significa que toda la creación sea renovada en Jesucristo?

**Lectura para hoy**: Romanos 8:18-23
1. ¿Cuál es el mensaje de hoy?

2. Mi desafío practico para hoy:

**Oración:**
*Señor Dios, comprendemos por medio de las Escrituras que el propósito de tu providencia divina es que toda la creación sea liberada de su esclavitud al pecado y a la muerte, y que sea renovada en Jesucristo. Enséñanos a saber cuál es nuestra parte en este proceso de renovación. Amén.*

---

[16] **1.15** Romanos 8:18-23; Efesios 1:9-10; Colosenses 1:17-20

### Diseño de la Providencia Divina

**1.16** Dios nunca deja ni abandona a su pueblo. Todos los que confían en Dios encuentran esta verdad confirmada por medio del conocimiento de su amor, un amor que incluye el juicio del pecado y que conduce al arrepentimiento y a una mayor dependencia de la gracia divina. Todos los que no confían en Dios están sin embargo bajo la misma providencia, aun cuando la ignoran o la rechazan. La providencia divina está diseñada para conducirlos al arrepentimiento y a la confianza en la gracia divina.[17]

1. ¿Qué incluye el amor de Dios?
2. ¿Qué es la gracia divina?
3. ¿Qué significa dependencia de la gracia divina?
4. ¿Para qué está diseñada la providencia divina?

**Lectura para hoy**: Romanos 2:1-16
1. ¿Cuál es el mensaje de hoy?

2. Mi desafío practico para hoy:

**Oración:**
*Padre Dios, tú nunca dejas ni abandonas a tu pueblo. Todos los que confían en ti encuentran esta verdad confirmada por medio del conocimiento de tu amor, un amor que incluye el juicio del pecado y que conduce al arrepentimiento y a una mayor dependencia de la gracia divina. Todos los que no confían en ti están sin embargo bajo la misma providencia, aun cuando la ignoran o la rechazan. Tu providencia divina está diseñada para conducirnos al arrepentimiento y a la confianza en tu gracia divina. Gracias por esta verdad importante para el ser humano. Amén.*

---

[17] **1.16** Salmos 94:14-19, 139:7-12; Proverbios 15:3; Jeremías 23:23-24; Romanos 2:1-16; 2 Corintios 12:7-10

### La Iglesia y la Providencia de Dios

**1.17** La providencia de Dios abarca todo el mundo, pero se manifiesta de manera especial en la creación de la iglesia, que es la comunidad del pacto. A través de su paciente disciplina, Dios guía a su pueblo escogido en su misión de testimonio y servicio en el mundo.[18]

1. ¿Qué significa que la iglesia es la comunidad del pacto?
2. ¿Qué significa la paciente disciplina de Dios?
3. ¿Qué es la misión de testimonio y servicio en el mundo de la iglesia?

**Lectura para hoy**: Malaquías 3:16-18
1. ¿Cuál es el mensaje de hoy?

2. Mi desafío practico para hoy:

**Oración:**
*Tu providencia, Dios Padre, abarca todo el mundo, pero se manifiesta de manera especial en la creación de la iglesia, que es la comunidad del pacto. A través de tu paciente disciplina, guías a tu pueblo escogido en su misión de testimonio y servicio en el mundo. Gracias por permitirnos ser parte de la comunidad del pacto, tu Iglesia. Amén.*

---

[18] **1.17** Malaquías 3:16-18; Mateo 16:18; Hechos 20:28; Romanos 8:28-39; Efesios 5:26-27

### La Presencia de Dios en Toda Circunstancia

**1.18** La providencia de Dios se revela tan suficientemente que puede ser conocida y experimentada, pero al mismo tiempo, mantiene el misterio divino y es motivo de asombro, alabanza y acción de gracias. Así que aun en la enfermedad, el dolor, la aflicción, la tragedia, el trastorno social o el desastre natural, las personas pueden estar seguras de la presencia de Dios y pueden descubrir la suficiencia de su gracia.[19]

1. ¿Qué significa que la providencia de Dios pueda ser conocida y experimentada?
2. ¿Qué significa que la providencia de Dios es al mismo tiempo un misterio divino?
3. ¿Cuándo podemos estar seguros de la presencia de Dios?
4. ¿Qué significa la suficiencia de su gracia?

**Lectura para hoy**: Isaías 55:8-9
1. ¿Cuál es el mensaje de hoy?

2. Mi desafío practico para hoy:

**Oración:**
*Tu providencia, Dios Padre, se revela tan suficientemente que puede ser conocida y experimentada, pero al mismo tiempo, mantiene el misterio divino y es motivo de asombro, alabanza y acción de gracias. Así que aun en la enfermedad, el dolor, la aflicción, la tragedia, el trastorno social o el desastre natural, las personas podemos estar seguras de tu presencia y podemos descubrir la suficiencia de tu gracia. A ti sea la gloria para siempre. Amén.*

---

[19] **1.18** Job 11:7-10; Isaías 40:28-31, 55:8-9; Romanos 11:33-36; 2 Corintios 12:7-10

# La Ley de Dios

### La Ley de Dios

**1.19** Dios da la ley moral para gobernar las relaciones y las acciones humanas. La ley moral es el principio de justicia entretejido en la estructura del universo y es obligatoria para todas las personas.[20]

1. ¿Para qué da Dios la ley moral?
2. ¿Qué es la ley moral?
3. ¿Qué significa que la ley moral es obligatoria para todas las personas?

**Lectura para hoy**: Salmos 19:7-11
1. ¿Cuál es el mensaje de hoy?

2. Mi desafío practico para hoy:

**Oración:**
*Gracias Señor Dios, por la ley moral que nos has dado para gobernar las relaciones y las acciones humanas. Entendemos que esta ley moral, como un principio de justicia entretejido en la estructura del universo, es obligatoria para todos nosotros. Ayúdanos a vivir conforme a ella. Amén.*

---

[20] **1.19** Éxodo 20-23; Levítico 19:18; Deuteronomio 6:4-9; Salmos 19:7-11; Miqueas 6:6-8; Mateo 22:34-40; Romanos 2:12-16, 12:9-10; Gálatas 6:7-10; 1 Timoteo 1:8-11

### La Ley Moral

**1.20** La ley moral es un don de la gracia de Dios y aunque consta de los principios básicos de justicia revelados en las Escrituras y sostenidos por Dios, no describe completamente el patrón de sus acciones hacia las personas. El juicio de Dios, en el cual la ley moral se fundamenta, es al mismo tiempo una expresión del amor redentor.[21]

1. ¿En qué forma la ley moral es un don de la gracia de Dios?
2. ¿Dónde encontramos revelados los principios básicos de la justicia de Dios?
3. ¿Qué es lo que la ley moral de Dios no describe completamente?
4. ¿En qué forma el juicio de Dios es una expresión del amor redentor de Dios?

**Lectura para hoy**: Romanos 2:14-16

1. ¿Cuál es el mensaje de hoy?

2. Mi desafío practico para hoy:

**Oración:**
*Señor Dios, endentemos que la ley moral es un don de tu gracia y aunque consta de los principios básicos de justicia revelados en las Escrituras y sostenidos por ti, ella no describe completamente el patrón de tus acciones hacia nosotros. Tu juicio, Dios, en el cual la ley moral se fundamenta, es al mismo tiempo una expresión de tu amor redentor. Gracias. Amén.*

---

[21] **1.20** Éxodo 31:18; Salmos 40:8, 103:8-14; Jeremías 31:33; Romanos 2:14-16

### La Ley Moral y el Evangelio

**1.21** La ley moral se cumple en el Evangelio. Por lo tanto, el comportamiento de los cristianos en las relaciones humanas, debe reflejar el modelo del comportamiento de Dios hacia ellos, en el cual el amor y la justicia están entretejidos.[22]

1. ¿En qué forma específica se cumple la ley moral?
2. ¿Qué debe reflejar el comportamiento de los cristianos en las relaciones humanas?
3. ¿Qué significa que el amor y la justicia están entretejidos en el modelo del comportamiento de Dios hacia los cristianos?

**Lectura para hoy**: Hebreos 8:8-13
1. ¿Cuál es el mensaje de hoy?

2. Mi desafío practico para hoy:

**Oración:**
*Señor Dios Padre, entendemos que tu ley moral se cumple en el Evangelio. Por lo tanto, nuestro comportamiento como cristianos en las relaciones humanas, debe reflejar el modelo de tu comportamiento hacia nosotros, en el cual el amor y la justicia están entretejidos. Ayúdanos a reflejar este modelo de comportamiento. Amén.*

---

[22] **1.21** Mateo 5:17-19, 12:1-8; Romanos 3:21-31, 12:9-13, 13:8-10; Gálatas 3:21-26; Hebreos 8:8-13

### Propósito de la Ley Moral

**1.22** El propósito de la ley moral es crear en la vida humana integridad o sanidad espiritual, mental, física y social. Por lo tanto, la intención de la ley moral es que las fuerzas de la personalidad humana que integran la vida en todos los aspectos sean usadas para lograr esta sanidad.[23]

1. ¿Cuál es el propósito de la ley moral?
2. ¿Qué significa integridad en la vida humana?
3. ¿Cuál es la intención de la ley moral?

**Lectura para hoy**: Lucas 10:25-28
1. ¿Cuál es el mensaje de hoy?

2. Mi desafío practico para hoy:

**Oración:**
Señor Dios, nosotros entendemos que el propósito de tu ley moral es crear en la vida humana integridad, es decir sanidad espiritual, mental, física y social. Por lo tanto, la intención de tu ley moral es que las fuerzas de nuestra personalidad que integran nuestra vida en todos los aspectos las usemos para lograr esta sanidad. Ayúdanos cada día a cumplir tu voluntad. Amén.

---

[23] **1.22** Lucas 10:25-28

# 2.00
# LA FAMILIA HUMANA ROMPE RELACIONES CON DIOS

# La Libertad Humana

### La Libertad Humana

**2.01** Al crear las personas, Dios les da la capacidad y la libertad para responder a la gracia divina en obediencia y amor. Por lo tanto, cualquiera que lo desee puede ser salvo.[24]

1. ¿Qué es la libertad humana?
2. ¿Con qué capacidad y libertad fuimos creadas las personas?
3. ¿Qué significa que "cualquiera que lo desee puede ser salvo"?

**Lectura para hoy**: Romanos 10:8-13
1. ¿Cuál es el mensaje de hoy?

2. Mi desafío practico para hoy:

**Oración:**
*Señor Dios, gracias por la oportunidad de la salvación. Gracias por crearnos con la capacidad y la libertad para responder a tu gracia divina en obediencia y amor. Por lo tanto podemos afirmar que cualquiera que lo desee puede ser salvo. Permítenos tener la oportunidad de compartir esta verdad con otros Amén.*

---

[24] **2.01** Génesis 1:26-31; Deuteronomio 30:19-20; Isaías 55:1-3; Romanos 10:8-13; Apocalipsis 22:17

### La Responsabilidad Humana

**2.02** Por causa de la naturaleza que Dios les da, las personas son responsables por sus decisiones y acciones ante Dios, los demás y el mundo.[25]

1. ¿Cuál es la naturaleza que Dios nos ha dado?
2. ¿En qué forma somos nosotros responsables por nuestras decisiones y acciones?
3. ¿Ante quiénes somos nosotros responsables?

**Lectura para hoy**: Ezequiel 18:1-4
1. ¿Cuál es el mensaje de hoy?

2. Mi desafío practico para hoy:

**Oración:**
*Gracias Señor Dios por la libertad que nos has dado. Por causa de esta naturaleza, las personas somos responsables por nuestras decisiones y acciones ante ti, los demás y el mundo. Ayúdanos cada día a asumir responsabilidad por nuestras decisiones y acciones. Amén.*

---

[25] **2.02** Génesis 3:1-7; Josue 24:14-15; Jeremías 31:29-30; Ezequiel 18:1-4, 26-28; Romanos 1:18-32

El Abuso de la Libertad

### El Abuso de la Libertad
**2.03** Al rechazar su dependencia de Dios y por su desobediencia voluntaria, los primeros padres humanos rompieron la comunión con Dios para la cual habían sido creados, y llegaron a estar inclinados al pecado en todos los aspectos de su ser.[26]

1. ¿Qué significa la dependencia de Dios?
2. ¿Qué significa desobediencia voluntaria?
3. ¿Qué significa comunión con Dios?
4. ¿Qué significa estar inclinados al pecado en todos los aspectos de su ser?

**Lectura para hoy**: Génesis 3:1-13, 6:5
1. ¿Cuál El mensaje de hoy?

2. Mi desafío practico para hoy:

**Oración:**
*Entendemos Señor Dios que al rechazar su dependencia de ti y por su desobediencia voluntaria, nuestros primeros padres humanos rompieron la comunión contigo para la cual habían sido creados, y llegaron a estar inclinados al pecado en todos los aspectos de su ser. Nosotros reconocemos que esta misma realidad es verdad en nuestras vidas. Ayúdanos para aprender a depender de ti, obedecerte, mantener nuestra relación contigo y ser conscientes de nuestra inclinación al pecado en todos los aspectos de nuestro ser. Amén.*

---

[26] **2.03** Génesis 3:1-13, 6:5

### La Condición Humana

**2.04** De la misma forma que lo hicieron Adán y Eva, todas las personas se rebelan contra Dios, pierden la relación correcta con Dios y llegan a ser esclavas del pecado y de la muerte. Esta condición es la fuente de todas las actitudes y acciones pecaminosas.[27]

1. ¿De qué forma se rebelaron Adán y Eva?
2. ¿Qué significa perder la relación correcta con Dios?
3. ¿Qué significa llegar a ser esclavo del pecado y la muerte?
4. ¿Cuál condición es la fuente de todas las actitudes y acciones pecaminosas?

**Lectura para hoy**: Romanos 5:12-14
1. ¿Cuál El mensaje de hoy?

2. Mi desafío practico para hoy:

**Oración:**
*Señor Dios, de la misma forma que lo hicieron Adán y Eva, todas las personas nos rebelamos contra ti, perdemos la relación correcta contigo y llegamos a ser esclavos del pecado y de la muerte. Esta condición, entendemos, es la fuente de todas nuestras actitudes y acciones pecaminosas. Perdónanos y ayúdanos a ser conscientes cada día de nuestras malas actitudes y acciones. Amén.*

---

[27] **2.04** Génesis 6:5; Salmos 58:3-5, 106:6; Proverbios 5:22-23; Isaías 59:1-15; Jeremías 17:9; Miqueas 7:2-4; Juan 8:34; Romanos 3:9-19, 5:12-14, 6:16, 7:14-20; 2 Timoteo 2:24-26; 2 Pedro 2:17-19

### El Pecar Voluntariamente

**2.05** Al pecar voluntariamente, todas las personas se hacen culpables ante Dios y están bajo la ira y el juicio divinos, a menos que sean salvas por la gracia de Dios a través de Jesucristo.[28]

1. ¿Qué significa pecar voluntariamente?
2. ¿Qué significa hacerse culpable ante Dios?
3. ¿Qué significa estar bajo la ira y el juicio divinos?
4. ¿Qué significa ser salvo por la gracia de Dios a través de Jesucristo?

**Lectura para hoy**: Juan 3:18-19, 36
1. ¿Cuál es el mensaje de hoy?

2. Mi desafío practico para hoy:

**Oración:**
*Por la Escritura, Señor Dios, entendemos que al pecar voluntariamente, todas las personas nos hacemos culpables ante ti y estamos bajo la ira y el juicio divinos, a menos que seamos salvos por tu gracia a través de Jesucristo. Ayúdanos a entender lo que significa creer en el Hijo, Jesucristo, y aceptarlo como Señor y Salvador. Amén.*

---

[28] **2.05** Juan 3:18-19, 36; Romanos 1:18-23, 2:1-9; 3:9-19; Gálatas 6:7-8; Efesios 5:5-6

### La Alienación de la Personas

**2.06** La alienación de las personas con respecto a Dios afecta al resto de la creación, de tal manera que toda la creación necesita la redención divina.[29]

1. ¿Qué significa alienación?
2. ¿Qué significa que la alienación de las personas con respecto a Dios afecta al resto de la creación?
3. ¿En qué forma la creación necesita la redención divina?

**Lectura para hoy**: Colosenses 1:19-20
1. ¿Cuál es el mensaje de hoy?

2. Mi desafío practico para hoy:

**Oración:**
*Entendemos Señor Dios, que la alienación de las personas con respecto a ti, afecta al resto de la creación, de tal manera que toda la creación necesita la redención divina. Gracias por la redención efectuada por medio de Jesucristo que incluye todas las cosas, tanto las que están en la tierra como las que están en el cielo. Amén.*

---

[29] **2.06** Génesis 3:17-18; Romanos 8:18-23; Efesios 1:9-10; Colosenses 1:19-20

# 3.00
# DIOS OBRA
# A TRAVÉS DE JESUCRISTO
# PARA RECONCILIAR
# AL MUNDO

# El Pacto de Dios

### La Obra de Dios

**3.01** Por medio de la reconciliación efectuada a través de Jesucristo, Dios obra para sanar el quebrantamiento y la alienación causados por el pecado, y para restaurar la familia humana a la comunión con El.[30]

1. ¿Qué es la reconciliación efectuada a través de Jesucristo?
2. ¿Qué es el quebrantamiento y la alienación?
3. ¿Qué significa restaurar a la comunión con Dios?
4. ¿Qué significa pacto?

**Lectura para hoy**: 2 Corintios 5:17-21
1. ¿Cuál es el mensaje de hoy?

2. Mi desafío practico para hoy:

**Oración:**
    *Señor Dios, dice la Escritura que por medio de la reconciliación que efectuaste a través de Jesucristo, tú, obras para sanar el quebrantamiento y la alienación causados por el pecado, y para restaurar la familia humana a la comunión contigo. Gracias por hacernos una nueva creación, y gracias por darnos el ministerio de la reconciliación. Amén.*

---

[30] **3.01** Juan 3:16, 10:7-18, 17:20-23; 2 Corintios 5:17-21; Efesios 1:3-10, 2:11-22; Colosenses 1:15-22

### El Pacto de Dios

**3.02** Dios obra para restaurar a una relación de pacto a las personas que están en pecado. La naturaleza de esta relación es la de una familia. El pacto es establecido por iniciativa de Dios y por la respuesta humana de fe.[31]

1. ¿Qué significa restaurar a una relación de pacto?
2. ¿Qué significa que la naturaleza de la relación de pacto es la de una familia?
3. ¿Qué significa que el pacto es establecido por iniciativa de Dios y por la respuesta humana de fe?

**Lectura para hoy**: Jeremías 31:31-34
1. ¿Cuál es el mensaje de hoy?

2. Mi desafío practico para hoy:

**Oración:**
*Señor Dios, estamos agradecidos que tú, obraste para restaurarnos a una relación de pacto. La naturaleza de esta relación es la de una familia. Este pacto fue establecido por iniciativa tuya y se hace efectivo al responder nosotros a ti en fe. Amén.*

---

[31] **3.02** Génesis 17:1-7; Éxodo 19:3-6, 24:3-8, 34:6-10; Isaías 64:8-9; Jeremías 31:31-34; Romanos 4:13-25, 8:14-17; Gálatas 3:6-9, 26, 4:4-7; Hebreos 11:8-12

**El Pacto de Dios Una Relación de Gracia**

**3.03** El pacto de Dios es una relación de gracia. Este pacto aparece en las Escrituras en diversas formas y manifestaciones, pero siempre es un pacto de gracia. El nuevo pacto en Jesucristo es la expresión última y suprema de este pacto.[32]

1. ¿Qué significa que el pacto sea una relación de gracia?
2. ¿Qué significa que aunque el pacto aparece en las Escrituras en diversas formas y manifestaciones, siempre es un pacto de gracia?
3. ¿Cuál es la implicación de que el nuevo pacto en Jesucristo es la expresión última y suprema de este pacto?

**Lectura para hoy**: Gálatas 3:13-18
1. ¿Cuál es el mensaje de hoy?

2. Mi desafío practico para hoy:

**Oración:**

*El pacto contigo, Dios Padre, es una relación de gracia. Este pacto, entendemos, aparece en las Escrituras en diversas formas y manifestaciones, pero siempre es un pacto de gracia. El nuevo pacto en Jesucristo es la expresión última y suprema de este pacto. Gracias por rescatarnos y por permitir que la bendición prometida a Abraham llegara a nosotros. Amén.*

---

[32] **3.03** Génesis 3:15; Salmos 105:7-10, 111:2-9; Mateo 26:26-29; 2 Corintios 3:12-18; Gálatas 3:13-18, 21-22; Hebreos 8:6-13, 9:11-15, 23-28, 10:1-18

### Jesucristo la Esencia del Único Pacto de Gracia

**3.04** Jesucristo, la Palabra eterna encarnada, es siempre la esencia del único pacto de gracia. Antes de la venida de Cristo, el pacto de gracia fue hecho efectivo por medio de promesas, profecías, sacrificios, la circuncisión, el cordero de la pascua, y otras señales y ordenanzas entregadas al pueblo de Israel. En virtud del ministerio del Espíritu Santo, estas señales y ordenanzas fueron suficientes para instruir a las personas en el conocimiento de Dios, que lleva a la salvación.[33]

1. ¿Qué significa que a Jesucristo se le llame la Palabra eterna encarnada?
2. ¿Qué significa que Jesucristo es siempre la esencia del único pacto de gracia?
3. ¿Cómo se hizo efectivo el pacto de gracia antes de la venida de Cristo?

**Lectura para hoy**: Efesios 1:3-10
1. ¿Cuál es el mensaje de hoy?

2. Mi desafío practico para hoy:

**Oración:**
*La gloria y la alabanza sean para Jesucristo, la Palabra eterna encarnada, que es siempre la esencia del único pacto de gracia. Entendemos por la Escritura, Señor Dios, que antes de la venida de Cristo, el pacto de gracia fue hecho efectivo por medio de promesas, profecías, sacrificios, la circuncisión, el cordero de la pascua, y otras señales y ordenanzas entregadas al pueblo de Israel. En virtud del ministerio del Espíritu Santo, estas señales y ordenanzas fueron suficientes para instruir a las personas en el conocimiento tuyo, que lleva a la salvación. Gracias por esta verdad eterna. Amén.*

---

[33] **3.04** Génesis 3:15; Miqueas 5:2; Juan 8:56-58, 17:24; 1 Corintios 10:1-4; Efesios 1:3-10

### El Pacto Después de la Venida de Cristo
**3.05** Después de la venida de Cristo el pacto de gracia se hace efectivo principalmente por la predicación de la Palabra y por la administración de los Sacramentos del bautismo y de la Cena del Señor. En estos, junto con otros actos de adoración y de amor al prójimo, el Evangelio del pacto de gracia se presenta sencillamente, pero con plenitud y poder espiritual.[34]

1. ¿Cómo se hace efectivo el pacto de gracia después de la venida de Cristo?
2. ¿Cómo se presenta el Evangelio del pacto de gracia con plenitud y poder espiritual hoy?

**Lectura para hoy**: Mateo 28:18-20
1. ¿Cuál es el mensaje de hoy?

2. Mi desafío practico para hoy:

**Oración:**
*Gracias Señor Dios, que después de la venida de Cristo el pacto de gracia se hace efectivo principalmente por la predicación de la Palabra y por la administración de los Sacramentos del bautismo y de la Cena del Señor. En estos, junto con otros actos de adoración y de amor al prójimo, el Evangelio del pacto de gracia se presenta sencillamente, pero con plenitud y poder espiritual. Permítenos ser una iglesia que hace efectivo continuamente el pacto de gracia. Amén.*

---

[34] **3.05** Mateo 28:18-20; 1 Corintios 1:17-25, 11:23-26; Colosenses 2:9-15; 2 Timoteo 4:1-2

### Los Niños y el Pacto de Gracia

**3.06** Los niños siempre han sido incluidos con sus padres en el pacto de gracia. Antes de la venida de Cristo el signo y sello apropiado del pacto fue la circuncisión. Después de la venida de Cristo el signo y sello del pacto de gracia es el bautismo.[35]

1. ¿Por qué los niños siempre fueron incluidos con sus padres en el pacto de gracia?
2. ¿Cuál fue el signo y sello del pacto antes de la venida de Cristo?
3. ¿Cuál es el signo y sello del pacto de gracia después de la venida de Cristo?

**Lectura para hoy**: Génesis 17:7-14
1. ¿Cuál es el mensaje de hoy?

2. Mi desafío practico para hoy:

**Oración:**
*Por la Escritura entendemos Señor Dios, que los niños siempre han sido incluidos con sus padres en el pacto de gracia. Que antes de la venida de Cristo el signo y sello apropiado del pacto fue la circuncisión. Que después de la venida de Cristo el signo y sello del pacto de gracia es el bautismo. Permítenos considerar siempre a los niños en la iglesia como parte de la familia de la fe. Amén.*

---

[35] **3.06** Génesis 17:7-14; Hechos 2:39, 16:15, 33; 1 Corintios 1:16; Colosenses 2:11-12

# Cristo el Salvador

**Cristo el Salvador**

**3.07** El acto poderoso del amor reconciliador de Dios fue cumplido en Jesucristo, el Hijo divino quien se encarnó para ser el medio por el cual los pecados del mundo son perdonados.[36]

1. ¿Cuál fue el acto poderoso del amor reconciliador de Dios?
2. ¿Por qué se le llama a Jesús, el Hijo divino?
3. ¿Qué significa encarnarse?
4. ¿Qué significa que Jesucristo es el medio por el cual los pecados del mundo son perdonados?

**Lectura para hoy**: Juan 3:16
1. ¿Cuál es el mensaje de hoy?

2. Mi desafío practico para hoy:

**Oración:**
*Tu acto poderoso de amor reconciliador, Señor Dios Padre, fue cumplido en Jesucristo, tu Hijo divino, quien se encarnó para ser el medio por el cual nuestros pecados son perdonados. Gracias por este don de amor. Danos oportunidades para compartir este conocimiento con otros. Amén.*

---

[36] **3.07** Mateo 1:18-23; Lucas 1:26-38, 67-75, 2:8-13; Juan 1:14-18, 3:16; Romanos 5:6-11, 8:1-4; 2 Corintios 5:17-21; Efesios 1:3-10, 2:4-10; Filipenses 2:5-11; Colosenses 1:15-20; 1 Pedro 1:3-9, 18-21, 2:21-25; 1 Juan 4:9-10

### Jesucristo la Única Esperanza de Reconciliación

**3.08** Jesucristo, siendo verdaderamente humano y verdaderamente divino, fue tentado en todos los aspectos como lo es toda persona; sin embargo, no pecó. Al compartir plenamente la vida humana, Cristo seguía siendo santo, inocente, sin mancha y completamente capacitado para ser el Salvador del mundo, la única esperanza de reconciliación entre Dios y los pecadores.[37]

1. ¿Qué significa que Jesús es verdaderamente humano y verdaderamente divino?
2. ¿Qué significa que Jesús haya sido tentado en todos los aspectos como lo es toda persona?
3. ¿Cómo es posible que Jesús al compartir plenamente la vida humana, seguía siendo santo, inocente, sin mancha y completamente capacitado para ser el salvador del mundo?
4. ¿Por qué Cristo es la única esperanza de reconciliación entre Dios y los pecadores?

**Lectura para hoy**: Hechos 4:12
1. ¿Cuál es el mensaje de hoy?

2. Mi desafío practico para hoy:

**Oración:**
Señor Dios, nosotros comprendemos que Jesucristo, siendo verdaderamente humano y verdaderamente divino, fue tentado en todos los aspectos como nosotros; sin embargo, no pecó. Al compartir plenamente nuestra vida humana, Cristo seguía siendo santo, inocente, sin mancha y completamente capacitado para ser el Salvador del mundo, la única esperanza de reconciliación entre tú y nosotros. Gracias. Amén.

---

[37] **3.08** Mateo 4:1-11; Juan 1:1-4, 14, 3:13-19, 36, 17:1-5; Hechos 4:12; Romanos 1:1-6; Colosenses 2:9-10; 1 Timoteo 3:16; Hebreos 2:17-18, 4:15, 7:26-28; 1 Pedro 2:22-25; 1 Juan 3:5

### La Obra de Jesucristo

**3.09** Jesucristo, por su propia voluntad, sufrió el pecado y la muerte por toda persona. Al tercer día después de ser crucificado, Cristo resucitó de la muerte y apareció a muchos de sus discípulos. Después ascendió a Dios y ahora intercede por todas las personas.[38]

1. ¿Qué significa que Jesucristo haya sufrido el pecado y la muerte por su propia voluntad?
2. ¿Qué significa resucitar de la muerte?
3. ¿Realmente vieron personas a Jesús resucitado?
4. ¿En donde esta Jesús en este momento?

**Lectura para hoy**: Isaías 53
1. ¿Cuál es el mensaje de hoy?

2. Mi desafío practico para hoy:

**Oración:**
*Padre Dios, por la Escritura entendemos que Jesucristo, por su propia voluntad, sufrió el pecado y la muerte por toda persona. Que al tercer día después de ser crucificado, Cristo resucitó de la muerte y apareció a muchos de sus discípulos. Que después ascendió a ti, y que ahora intercede por todas las personas. Gracias por esta verdad de nuestra fe. Amén.*

---

[38] **3.09** Isaías 53, 61:1-3; Mateo 26:36-46; Juan 10:11-18; Hechos 1:3; Romanos 4:23-25, 8:31-34; 1 Corintios 15:3-8; Hebreos 2:9, 9:24

### La Obra del Espíritu Santo

**3.10** Por el Espíritu Santo las personas pueden darse cuenta de sus pecados y arrepentirse de ellos, creer en Jesucristo como Salvador y seguirlo como Señor. Los creyentes experimentan la presencia y la dirección de Cristo, que los ayudan a vencer los poderes malignos, en maneras consistentes con la naturaleza y la voluntad de Dios.[39]

1. ¿Qué es lo que sucede a través del Espíritu Santo?
2. ¿Qué significa experimentar la presencia y la dirección de Cristo?
3. ¿Qué son los poderes malignos?
4. ¿Qué significa vencer estos poderes en maneras consistentes con la naturaleza y la voluntad de Dios?

**Lectura para hoy**: 1 Pedro 1:3-9
1. ¿Cuál es el mensaje de hoy?

2. Mi desafío practico para hoy:

**Oración:**
*Señor Dios Padre, gracias que por el Espíritu Santo nosotros podemos darnos cuenta de nuestros pecados y arrepentirnos de ellos, creer en Jesucristo como Salvador y seguirlo como Dios. Gracias también porque podemos experimentar la presencia y la dirección de Cristo, para ayudarnos a vencer los poderes malignos en maneras consistentes con tu naturaleza y voluntad. Amén.*

---

[39] **3.10** Juan 16:8-15; Hechos 13:1-3; Romanos 8:26-27; 1 Pedro 1:3-9

### La Obra Reconciliadora de Dios

**3.11** La obra reconciliadora de Dios en Jesucristo ocurrió en un tiempo y un lugar específicos. Sin embargo, sus beneficios y su poder se extienden a todos los creyentes en todas las épocas desde el principio del mundo. Esa obra es comunicada por el Espíritu Santo y a través de los instrumentos que Dios se complazca en usar.[40]

1. ¿Cuándo ocurrió la obra reconciliadora de Dios en Jesucristo?
2. ¿Qué son los beneficios y poder de la obra reconciliadora de Dios?
3. ¿Cuál obra es la que comunica el Espíritu Santo y a través de otros instrumentos que Dios se complace en usar?

**Lectura para hoy**: Tito 3:4-7
1. ¿Cuál es el mensaje de hoy?

2. Mi desafío practico para hoy:

**Oración:**
*Tu obra reconciliadora, Dios Padre, en Jesucristo, sabemos ocurrió en un tiempo y un lugar específicos. Sin embargo, sus beneficios y su poder se extienden a todos los creyentes en todas las épocas desde el principio del mundo. Gracias por esta obra potente. Dice la Escritura que esa obra es comunicada por tu Espíritu Santo y a través de los instrumentos que te complaces en usar. Amén.*

---

[40] **3.11** Marcos 15:24-37; Juan 3:5-8, 6:63; Romanos 8:11; 1 Corintios 10:1-4, 12:4-11; 2 Corintios 3:4-6; Gálatas 3:8; Tito 3:4-7

# 4.00
# DIOS OBRA
# A TRAVÉS DEL
# ESPÍRITU SANTO

# El Llamado y la Obra del Espíritu Santo

### El Llamado y la Obra del Espíritu Santo

**4.01** Dios obró la redención en Jesucristo a causa de los pecados del mundo y continúa obrando con el mismo deseo por medio del Espíritu Santo para llamar a toda persona al arrepentimiento y a la fe.[41]

1. ¿Qué es la redención en Jesucristo?
2. ¿Qué es lo que Dios continúa obrando por medio del Espíritu Santo?
3. ¿Qué significa ser llamado al arrepentimiento y a la fe?

**Lectura para hoy**: Hechos 7:51
1. ¿Cuál es el mensaje de hoy?

2. Mi desafío practico para hoy:

**Oración:**
Gracias Señor Dios por la obra de redención en Jesucristo a causa de los pecados del mundo, y por continuar obrando con el mismo deseo por medio de tu Espíritu Santo para llamarnos al arrepentimiento y a la fe. Nosotros anhelamos no ser tercos, duros de corazón, ni torpes de oído. No queremos ser de los que resisten al Espíritu Santo. Amén.

---

[41] **4.01** Juan 16:7-11; Hechos 7:51; Romanos 3:23-26; 1 Corintios 15:3-4; 1 Juan 2:1-2; Apocalipsis 22:17

### ¿Cómo Obra el Espíritu Santo?

**4.02** El Espíritu Santo obra por medio de las Escrituras, los sacramentos, la adoración de la comunidad del pacto, el testimonio de los creyentes en palabras y en obras, y de maneras que exceden el entendimiento humano. El Espíritu se mueve en los corazones de los pecadores para convencerlos de sus pecados y de su necesidad de salvación, y para inclinarlos al arrepentimiento y a la fe en Dios.[42]

1. ¿Cuáles medios usa el Espíritu Santo para obrar en los seres humanos?
2. ¿Cuál es el propósito por el cual el Espíritu Santo se mueve en el corazón de los pecadores?

**Lectura para hoy**: Juan 16:7-11
1. ¿Cuál es el mensaje de hoy?

2. Mi desafío practico para hoy:

**Oración:**

*Tu Espíritu Santo, Señor Dios, obra por medio de las Escrituras, los sacramentos, la adoración de la comunidad del pacto, el testimonio de los creyentes en palabras y en obras, y de maneras que exceden el entendimiento humano. Tu Espíritu, Señor Dios, se mueve en los corazones de los pecadores para convencerlos de sus pecados y de su necesidad de salvación, y para inclinarlos al arrepentimiento y a la fe en ti. Nosotros oramos que nuestros corazones estén siempre abiertos a la influencia de tu Espíritu Santo. Amén.*

---

[42] **4.02** Juan 16:7-11; Hechos 8:29-39, 13:1-3

### El Llamado del Espíritu Santo

**4.03** El llamado y la obra del Espíritu Santo se deben solamente a la gracia de Dios, y no son una respuesta al mérito humano. El llamado antecede todo deseo, propósito e intención del pecador de venir a Cristo. Aunque es posible que todos sean salvos por medio de este llamado, nadie puede ser salvo sin él. Por lo tanto, cualquiera que desee puede ser salvo, pero no puede serlo sin la influencia iluminadora del Espíritu Santo.[43]

1. ¿Qué es el llamado y obra del Espíritu Santo?
2. ¿Qué significa que el llamado y obra del Espíritu Santo se debe solamente a la gracia de Dios, y no son una respuesta al merito humano?
3. ¿Qué significa que el llamado antecede todo deseo, propósito e intención del pecador de venir a Cristo?
4. ¿Qué significa que nadie puede ser salvo sin el llamado del Espíritu Santo?

**Lectura para hoy**: 1 Corintios 2:14
1. ¿Cuál es el mensaje de hoy?

2. Mi desafío practico para hoy:

**Oración:**
*Señor Dios Padre, nosotros entendemos que el llamado y la obra de tu Espíritu Santo se deben solamente a tu gracia, y no son una respuesta al mérito humano. El llamado antecede todo deseo, propósito e intención del pecador de venir a Cristo. Aunque es posible que todos sean salvos por medio de este llamado, nadie puede ser salvo sin él. Por lo tanto, cualquiera que desee puede ser salvo, pero no puede serlo sin la influencia iluminadora de tu Espíritu Santo. Gracias por el llamado y obra del Espíritu Santo en nuestras vidas. Amén.*

---

[43] **4.03** 1 Corintios 2:14; Efesios 2:1-10; Tito 3:4, 5; Apocalipsis 22:17

### Resistencia y Rechazo al Espíritu Santo

**4.04** Las personas pueden resistir y rechazar este llamado del Espíritu Santo, pero para todos los que responden con arrepentimiento, recibiendo con confianza el amor de Dios en Cristo, hay salvación y vida.[44]

1. ¿Qué significa que las personas pueden resistir y rechazar este llamado del Espíritu Santo?
2. ¿Qué significa responder con arrepentimiento y recibir con confianza el amor de Dios en Cristo?
3. ¿Qué significa que haya salvación y vida?

**Lectura para hoy**: Romanos 10:8-13
1. ¿Cuál es el mensaje de hoy?

2. Mi desafío practico para hoy:

**Oración:**

*Señor Dios, nosotros somos conscientes que podemos resistir y rechazar el llamado de tu Espíritu Santo, y que para todos los que respondemos con arrepentimiento, recibiendo con confianza tu amor en Cristo, hay salvación y vida. Nosotros queremos hoy confesar que Jesús es el Señor y creemos que tú lo levantaste de entre los muertos. Amén.*

---

[44] **4.04** Isaías 63:10; Juan 3:14-15, 36, 5:24; Hechos 5:3-4, 7:51; Romanos 10:8-13

# El Arrepentimiento y la Confesión

### El Arrepentimiento
**4.05** El arrepentimiento es la actitud hacia Dios en la cual los pecadores resuelven con firmeza abandonar el pecado, confiar en Cristo, y vivir en obediencia y gratitud a Dios.[45]

1. ¿Qué es arrepentimiento?
2. ¿Qué significa abandonar el pecado?
3. ¿Qué significa confiar en Cristo?
4. ¿Qué significa vivir en obediencia y gratitud a Dios?

**Lectura para hoy**: Lucas 15:18-20
1. ¿Cuál es el mensaje de hoy?

2. Mi desafío practico para hoy:

**Oración:**
Dios Padre, nosotros deseamos experimentar cada día el arrepentimiento como una actitud hacia ti en la cual resolvemos con firmeza abandonar el pecado, confiar en Cristo, y vivir en obediencia y gratitud a ti. Amén.

---
[45] **4.05** Marcos 14:72; Lucas 15:18-20, 19:8-10

### La Necesidad del Arrepentimiento
**4.06** Las personas no merecen la salvación por su arrepentimiento ni por ninguna otra actividad humana. Sin embargo, el arrepentimiento es necesario para participar de la gracia salvadora y el perdón de Dios en Cristo.[46]

1. ¿Qué significa que las personas no merezcan la salvación por su arrepentimiento ni por ninguna otra actividad humana?
2. ¿En qué forma el arrepentimiento es necesario para participar de la gracia salvadora y el perdón de Dios en Cristo?

**Lectura para hoy:** Tito 3:3-7
1. ¿Cuál es el mensaje de hoy?




2. Mi desafío practico para hoy:




**Oración:**
*Señor Dios, es cierto que las personas no merecemos la salvación por nuestro arrepentimiento ni por ninguna otra actividad humana. Sin embargo, el arrepentimiento es necesario para hacernos participantes de la gracia salvadora y tu perdón en Cristo. Gracias por el lavamiento de la regeneración y de la renovación el Espíritu Santo. Amén.*

---

[46] **4.06** Salmos 34:18, 51:17; Ezequiel 18:21, 30-32; Joel 2:12-13; Mateo 3:2; Lucas 13:2-5, 17:10; Hechos 3:19, 17:30-31; Efesios 2:8-9; Tito 3:3-7

### La Confesión

**4.07** Al responder a la iniciativa Divina de restaurar las relaciones, las personas hacen confesión honesta de sus pecados contra Dios, contra sus hermanos y hermanas, y contra toda la creación, y enmiendan el pasado en la medida que les es posible.[47]

1. ¿Cómo se responde a la iniciativa Divina de restaurar las relaciones?
2. ¿Qué significa enmendar el pasado?

**Lectura para hoy**: Lucas 19:8-10
1. ¿Cuál es el mensaje de hoy?

2. Mi desafío practico para hoy:

**Oración:**
*Dios Padre, al responder a tu iniciativa Divina de restaurar las relaciones, tu nos llama a hacer confesión honesta de nuestros pecados contra ti, contra nuestros hermanos y hermanas, y contra toda la creación, y nos llamas también a enmendar el pasado en la medida que nos sea posible. Permítenos demostrar de esta forma que la salvación ha llegado a nuestras vidas. Amén.*

---
[47] **4.07** Salmos 32:5, 51:3-17; Lucas 15:18-20, 19:8-10; Efesios 4:25-31

# La Fe Salvadora

### La Fe Salvadora

**4.08** La fe que salva es una respuesta a Dios, motivada por el Espíritu Santo, en la que las personas confían sólo en la gracia de Dios en Jesucristo para su salvación. Dicha fe incluye confianza en la veracidad de las promesas de Dios en las Escrituras, dolor por los pecados y determinación de servir a Dios y al prójimo.[48]

1. ¿A qué se llama la fe que salva?
2. ¿Qué significa confiar sólo en la gracia de Dios en Jesucristo para la salvación?
3. ¿Qué incluye dicha fe?

**Lectura para hoy**: Romanos 10:17
1. ¿Cuál es el mensaje de hoy?

2. Mi desafío practico para hoy:

**Oración:**
*Entendemos Señor Dios, que la fe que salva es una respuesta a ti, motivada por tu Espíritu Santo, en la que confiamos sólo en la gracia tuya en Jesucristo para nuestra salvación. Dicha fe incluye confianza en la veracidad de las promesas tuyas en las Escrituras, dolor por los pecados y determinación de servirte a ti y al prójimo. Anhelamos que nuestra fe crezca como resultado de oír la palabra de Cristo. Amén.*

---

[48] **4.08** Juan 6:28-29; Romanos 10:17

### La Fe es un Don de Dios

**4.09** Las personas no merecen la salvación en virtud de su fe, ni es la fe una buena obra. La fe es un don que el amor y la iniciativa de Dios hacen posible. Sin embargo, Dios exige una respuesta de fe de todos los que reciben la salvación y la reconciliación.[49]

1. ¿Qué significa que las personas no merezcan la salvación en virtud de su fe?
2. ¿Qué significa que la fe no es una buena obra?
3. ¿Qué es la fe?
4. ¿Qué exige Dios en respuesta de todos los que reciben la salvación y la reconciliación?

**Lectura para hoy**: Romanos 4:16
1. ¿Cuál es el mensaje de hoy?

2. Mi desafío practico para hoy:

**Oración:**
Es claro Señor Dios, que las personas no merecemos la salvación en virtud de nuestra fe, ni que la fe es una buena obra. Gracias por que la fe es un don que tu amor y tu iniciativa hacen posible. Anhelamos responder en fe a la salvación y la reconciliación que tú has provisto para nosotros. Amén.

---

[49] **4.09** Juan 3:14-18, 36; Hechos 16:19-31; Romanos 4:16; Gálatas 3:21-22; Efesios 1:13-14; Filipenses 3:8-9

### El Perdón de los Pecados

**4.10** Cuando las personas se arrepienten del pecado y por la fe abrazan la salvación de Dios, reciben el perdón de sus pecados y experimentan la aceptación que tienen como hijos de Dios.[50]

1. ¿Qué es lo que las personas reciben y experimentan cuando se arrepienten y abrazan la salvación de Dios?

**Lectura para hoy**: Juan 1:11-13
1. ¿Cuál es el mensaje de hoy?

2. Mi desafío practico para hoy:

**Oración:**
   *Gracias Señor Dios Padre por el perdón de nuestros pecados y la aceptación que experimentamos como hijos tuyos, cuando nos arrepentimos del pecado y por la fe abrazamos tu salvación. Amén.*

---

[50] **4.10** Juan 1:11-13, 5:24, 6:28-29, 40; Romanos 1:16-17, 10:8-13; 1 Juan 5:12

### Tentación y Luchas

**4.11** En la vida de fe, los creyentes son tentados y sufren muchas luchas, pero la promesa de una victoria final a través de Cristo les es asegurada por la fidelidad de Dios. Tanto las Escrituras como las experiencias del pueblo del pacto a través de los siglos dan testimonio de esta promesa.[51]

1. ¿Qué diferencia hay entre tentación y lucha?
2. ¿Qué promesa le es asegurada a los creyentes que son tentados y sufren luchas?
3. ¿En dónde encontramos testimonio de esta promesa?

**Lectura para hoy**: 1 Corintios 10:13
1. ¿Cuál es el mensaje de hoy?

2. Mi desafío practico para hoy:

**Oración:**
*Es verdad Señor Dios, que en la vida de fe, nosotros somos tentados y sufrimos muchas luchas, pero la promesa de una victoria final a través de Cristo se nos es asegurada por tu fidelidad. Nos emociona saber que tanto las Escrituras como las experiencias de otros creyentes a través de los siglos dan testimonio de esta promesa. Amén.*

---

[51] 4.11 Lucas 22:31-32; Juan 16:33; Romanos 3:3-4, 4:19-21, 8:28-39; 1 Corintios 1:4-9, 10:13; 1 Tesalonicenses 5:23-24; 2 Tesalonicenses 3:3-5; 1 Timoteo 2:11-13; Hebreos 11, 12; 1 Juan 5:4-5

# La Justificación

### La Justificación

**4.12** La justificación es el acto de aceptación amorosa que Dios da a los creyentes, a través del cual ellos son reconciliados con El, por medio de la vida, muerte y resurrección de Jesucristo. Cuando confían en Cristo, quien es su justicia, con arrepentimiento y fe, Dios les da paz y restaura su relación con El.[52]

1. ¿Qué es la justificación?
2. ¿Cuál es la relación entre justificación, aceptación y reconciliación?
3. ¿Qué significa que Cristo es nuestra justicia?

**Lectura para hoy**: Romanos 5:1-2
1. ¿Cuál es el mensaje de hoy?

2. Mi desafío practico para hoy:

**Oración:**
*La justificación, entendemos Dios Padre, es el acto de aceptación amorosa que tú, nos das a través del cual somos reconciliados contigo, por medio de la vida, muerte y resurrección de nuestro Señor Jesucristo. Cuando confiamos en Cristo, quien es nuestra justicia, con arrepentimiento y fe, tú nos das paz y restauras nuestra relación contigo. Permítenos mantenernos firmes en esta gracia. Amén.*

---

[52] **4.12** Génesis 15:6; Salmos 32:1-2, 103:8-13, 130:3-8; Lucas 18:9-14; Hechos 13:38-39; Romanos 3:19-31, 4, 5:1-2; 1 Corintios 1:30-31; Filipenses 3:7-11; 1 Pedro 1:8-9

### Aceptados por la Gracia de Dios

**4.13** En esta relación, Dios continúa perdonando el pecado. Aunque los creyentes a veces interrumpen su paz con Dios por causa del pecado, es por la gracia de Dios que son aceptados y que su relación con Dios se mantiene. Solamente por el crecimiento en la gracia puede el creyente experimentar la plenitud de la relación con Dios.[53]

1. ¿A qué se refiere cuando se dice "en esta relación"?
2. ¿Qué significa que Dios continúa perdonando el pecado?
3. ¿Qué es lo que sucede cuando los creyentes pecan?
4. ¿Qué es la gracia de Dios?
5. ¿Qué es crecer en la gracia?

**Lectura para hoy**: 2 Pedro 1:3-11
1. ¿Cuál es el mensaje de hoy?

2. Mi desafío practico para hoy:

**Oración:**

*Gracias Señor Dios, porque en nuestra relación contigo, tu continúas perdonando nuestros pecados. Aunque a veces interrumpimos nuestra paz contigo por causa de nuestros pecados, es por tu gracia que somos aceptados y que nuestra relación contigo se mantiene. Solamente por el crecimiento en la gracia podemos experimentar la plenitud de la relación contigo. Ayúdanos cada día a seguir creciendo en tu gracia. Amén.*

---

[53] **4.13** Salmos 32:1-2, 103:8-14, 17-18; Jeremías 31:34; Juan 10:27-30; Romanos 8:1-4; Hebreos 13:5-6; 2 Pedro 1:3-11

### La Realidad de la Naturaleza Pecaminosa

**4.14** Quienes han sido reconciliados con Dios por medio Jesucristo continúan dándose cuenta de su naturaleza pecaminosa. Continúan experimentando en sí mismos el conflicto entre su viejo y su nuevo ser, entre lo bueno y lo malo, entre su propia voluntad y la voluntad de Dios, entre la vida y la muerte.[54]

1. ¿Qué es la naturaleza pecaminosa?
2. ¿Cuál es el conflicto que continúan experimentando los creyentes?

**Lectura para hoy**: 1 Juan 1:3-10, 2:15-17
1. ¿Cuál es el mensaje de hoy?

2. Mi desafío practico para hoy:

**Oración:**
*Quienes hemos sido reconciliados contigo, Dios, por medio Jesucristo continuamos dándonos cuenta de nuestra naturaleza pecaminosa. Continuamos experimentando en nosotros mismos el conflicto entre nuestro viejo y nuestro nuevo ser, entre lo bueno y lo malo, entre nuestra propia voluntad y tu voluntad, entre la vida y la muerte. Ayúdanos a vivir conforme a tu voluntad. Amén.*

---

[54] **4.14** Romanos 7:7-25, 8:5-8, 12-13; Gálatas 5:16-17; 1 Juan 1:5-10, 2:15-17

# La Regeneración y la Adopción

### La Regeneración

**4.15** La regeneración es la renovación que Dios hace en los creyentes y se debe sólo a la gracia de Dios. Quienes creen en Jesucristo son recreados o nacidos de nuevo, renovados en espíritu y hechos personas nuevas en Cristo.[55]

1. ¿Qué es la regeneración?
2. ¿Qué significa ser recreado o nacido de nuevo, renovado en espíritu y hecho persona nueva en Cristo?

**Lectura para hoy**: Tito 3:3-7
1. ¿Cuál es el mensaje de hoy?

2. Mi desafío practico para hoy:

**Oración:**
*La regeneración, Dios Padre, es la renovación que tú, haces en los creyentes y se debe sólo a tu gracia. Quienes creemos en Jesucristo somos recreados o nacidos de nuevo, renovados en espíritu y hechos personas nuevas en Cristo. Amén.*

---

[55] **4.15** Ezequiel 36:25-27; Juan 1:11-13; 2 Corintios 5:16-21; Ef. 2:4-10; Tito 3:3-7; 1 Pedro 1:23-25

### La Necesidad de Ser Regenerados
**4.16** La regeneración es necesaria porque todas las personas que están separadas de Cristo están muertas espiritualmente y son incapaces de amar y glorificar a Dios por sí mismas.[56]

1. ¿Por qué es necesaria la regeneración?
2. ¿Qué significa estar muerto espiritualmente?
3. ¿De qué son incapaces las personas que están separadas de Cristo?

**Lectura para hoy**: Efesios 2:1-3
1. ¿Cuál es el mensaje de hoy?

2. Mi desafío practico para hoy:

**Oración:**

Dios Padre, reconocemos que la regeneración, es necesaria porque todas las personas que están separadas de Cristo están muertas espiritualmente y son incapaces de amar y glorificarte a ti, por sí mismas. Oramos por todos aquellos que están separadas de Cristo. Amén.

---
[56] **4.16** Salmos 14:1-3; Mateo 15:18-20; Juan 3:3-8; Romanos 8:6-7; Gálatas 6:15; Efesios 2:1-3

### La Regeneración la Realiza el Espíritu Santo

**4.17** La regeneración la realiza el Espíritu Santo quien manifiesta la verdad de Cristo a los pecadores, les motiva a arrepentirse y a creer en Dios a la luz de esa verdad, y a recibir la gracia salvadora y el perdón dados en Jesucristo.[57]

1. ¿Quién realiza la regeneración?
2. ¿Cómo realiza el Espíritu Santo la regeneración?

**Lectura para hoy**: Juan 3:3-8
1. ¿Cuál es el mensaje de hoy?

2. Mi desafío practico para hoy:

**Oración:**
*Gracias Señor Dios por la regeneración que realiza tu Espíritu Santo quien nos manifiesta la verdad de Cristo, nos motiva a arrepentirnos y a creer en ti a la luz de esa verdad, y a recibir la gracia salvadora y el perdón dados en Jesucristo. Gracias por esta verdad en nuestras vidas. Amén.*

---

[57] **4.17** Juan 1:12-13, 3:3-8, 14:25-26, 16:13-15; Tito 3:4-6

### La Influencia del Espíritu Santo
**4.18** Cuando los creyentes son capacitados por la influencia iluminadora del Espíritu Santo, pueden amar y glorificar a Dios, y pueden amar y servir al prójimo.[58]

1. ¿Cuál es el propósito de la influencia del Espíritu Santo?

**Lectura para hoy**: Gálatas 5:22-24
1. ¿Cuál es el mensaje de hoy?

2. Mi desafío practico para hoy:

**Oración:**
*Gracias Señor Padre por la promesa de que cuando somos capacitados por la influencia iluminadora de tu Espíritu Santo, podemos amarte y glorificarte, y podemos amar y servir al prójimo. Amén.*

---
[58] **4.18** 1 Corintios 12:3; Gálatas 5:22-24; 1 Pedro 1:22-25, 4:8-11

### Los Que Mueren en la Infancia

**4.19** Toda persona que muere en la infancia y todos aquellos que nunca tuvieron la capacidad de responder a Cristo son regenerados y salvos por la gracia de Dios.[59]

1. ¿Qué pasa con las personas que mueren en la infancia y todos aquellos que nunca tuvieron la capacidad de responder a Cristo?

**Lectura para hoy**: Lucas 18:15-16
1. ¿Cuál es el mensaje de hoy?

2. Mi desafío practico para hoy:

**Oración:**
*Gracias Señor Dios por la verdad de que todos los niños que mueren en la infancia y todos aquellos que nunca tuvieron la capacidad de responder a Cristo son regenerados y salvos por tu gracia. Amén.*

---
[59] **4.19** Lucas 18:15-16; Juan 3:3; Hechos 2:38-39

### La Adopción

**4.20** La adopción es la acción de Dios de incluir en la familia del pacto a todos los que son regenerados y hechos nuevas personas en Cristo. Esta acción les asegura la comunión con Dios y con sus hermanos y hermanas en Cristo, tanto ahora como en la redención plena de la familia de Dios.[60]

1. ¿Qué es la adopción?
2. ¿Qué asegura esta acción de Dios en nosotros?

**Lectura para hoy**: Romanos 8:14-17
1. ¿Cuál es el mensaje de hoy?

2. Mi desafío practico para hoy:

**Oración:**
*Gracias Dios Padre por adoptarnos como hijos tuyos e incluirnos en la familia del pacto con todos los que han sido regenerados y hechos nuevas personas en Cristo. Esta acción tuya nos asegura la comunión contigo y con los hermanos y hermanas en Cristo, tanto ahora como en la redención plena de la familia de Dios. Amén.*

---

[60] **4.20** Romanos 8:14-17; Gálatas 4:3-7; Efesios 1:5-6

# La Santificación
# y el Crecimiento en la Gracia

### La Santificación

**4.21** La santificación es la obra por medio de la cual Dios aparta a los creyentes como siervos en el mundo.[61]

1. ¿Qué es la Santificación?
2. ¿Qué significa que los creyentes sean apartados como siervos en el mundo?
3. ¿Cuál es la relación entre la santificación y el ser apartados como siervos en el mundo?

**Lectura para hoy**: Efesios 4:17-24
1. ¿Cuál es el mensaje de hoy?

2. Mi desafío practico para hoy:

**Oración:**
*Entendemos Señor Dios Padre que la santificación es la obra por medio de la cual tú nos apartas como siervos en el mundo. Ayúdanos a asumir nuestra responsabilidad y ser renovados en la actitud de nuestra mente. Amén.*

---

[61] **4.21** Salmos 4:3; Romanos 6:6-14, 20-22; 1 Corintios 6:9-11; 2 Corintios 6:14-18, 7:1; Efesios 4:17-24, 5:25-27; 1 Tesalonicenses 5:23-24; 2 Tesalonicenses 2:13-14; Hebreos 9:13-14; 1Pedro 1:1-2

### El Crecimiento en la Gracia

**4.22** Mientras los creyentes continúen participando en el pacto de la gracia de Dios, viviendo en la comunidad del pacto, y sirviendo a Dios en el mundo, pueden crecer en la gracia y el conocimiento de Jesucristo como Señor. Los creyentes nunca logran una perfección libre del pecado en esta vida, pero a través del ministerio del Espíritu Santo pueden ser progresivamente conformados a la imagen de Jesucristo creciendo así en la fe, la esperanza, el amor y los otros dones del Espíritu.[62]

1. ¿Qué es el crecimiento en la gracia?
2. ¿Qué se requiere para seguir creciendo en la gracia?
3. ¿Cuál es el propósito del cristiano en esta vida?

**Lectura para hoy**: 2 Corintios 3:18
1. ¿Cuál es el mensaje de hoy?

2. Mi desafío practico para hoy:

**Oración:**
*Señor Dios Padre, entendemos que mientras continuemos participando en el pacto de tu gracia, viviendo en la comunidad del pacto, y sirviéndote en el mundo, podemos crecer en la gracia y el conocimiento de Jesucristo como Dios. También entendemos que nunca lograremos una perfección libre del pecado en esta vida, pero que a través del ministerio de tu Espíritu Santo podemos ser progresivamente conformados a la imagen de Jesucristo creciendo así en la fe, la esperanza, el amor y los otros dones de tu Espíritu. Amén.*

---

[62] **4.22** Salmos 14:1-3; Eclesiastés 7:20; Romanos 3:23-24; 2 Corintios 3:18, 9:10-11; Efesios 3:14-21; Filipenses 3:14-21; Colosenses 3:5-17; 1 Tesalonicenses 3:12-13; 2 Timoteo 2:20-21; 1 Pedro 2:2-3; 2 Pedro 1:3-11

### La Lucha Interior

**4.23** La lucha contra el pecado continúa porque los creyentes todavía son imperfectos en cuanto al conocimiento y el poder para hacer la voluntad de Dios. Su libertad para confiar, amar y servir a Dios y al prójimo se ve comprometida algunas veces por la desconfianza, el odio y el egoísmo. Esta lucha interior los conduce vez tras vez a depender del poder de Dios que los conforma a la imagen de la nueva persona en Jesucristo.[63]

1. ¿Por qué los creyentes luchan contra el pecado?
2. ¿Por qué nuestra libertad para confiar, amar y servir a Dios y al prójimo se ve comprometida algunas veces?
3. ¿A qué conduce esta lucha interior?

**Lectura para hoy**: Gálatas 5:16-26
1. ¿Cuál es el mensaje de hoy?

2. Mi desafío practico para hoy:

**Oración:**
*Si Señor Dios, es verdad que la lucha contra el pecado continúa porque todavía somos imperfectos en cuanto al conocimiento y el poder para hacer tu voluntad. Lamentablemente nuestra libertad para confiar, amar y servirte a ti y al prójimo se ve comprometida algunas veces por la desconfianza, el odio y el egoísmo. Sin embargo esta lucha interior nos conduce vez tras vez a depender de tu poder, que nos conforma a la imagen de la nueva persona en Jesucristo. Enséñanos a vivir por el Espíritu. Amén.*

---

[63] **4.23** Romanos 7:7-25; Gálatas 5:16-17; 1 Juan 2:9-11

# La Preservación de los Creyentes

### La Preservación de Los Creyentes

**4.24** La transformación de los creyentes que empezó con la regeneración y con la justificación, será completada. A pesar de que los creyentes pecan y por lo tanto desagradan a Dios, El mantiene la relación del pacto con ellos y les preservará para la vida eterna.[64]

1. ¿Qué es la preservación de los creyentes?
2. ¿Cómo comenzó la transformación de los creyentes?
3. ¿Qué hace Dios a pesar de que los creyentes pecan y le desagradan?

**Lectura para hoy**: 2 Corintios 4:13-18
1. ¿Cuál es el mensaje de hoy?

2. Mi desafío practico para hoy:

**Oración:**
*Gracias Señor Dios, por la transformación que empezó con la regeneración y con la justificación, y por tu promesa de que esta transformación será completada. A pesar de que todavía pecamos y por lo tanto te desagradamos a ti, Padre, tú mantienes la relación del pacto con nosotros y nos preservarás para la vida eterna. Amén.*

---

[64] **4.24** Salmos 37:27-28; Lamentaciones 3:22-24, 31-33; Juan 5:24, 10:27-29; Romanos 8:38-39; 2 Corintios 4:13-18; Filipenses 1:6; 2 Timoteo 1:11-12

### La Base de la Preservación de los Creyentes

**4.25** La preservación de los creyentes se basa en la naturaleza del pacto de gracia, en el inmutable amor y poder de Dios, en los méritos, la mediación y la intercesión de Jesucristo, y en la presencia y ministerio del Espíritu Santo, quien renueva la imagen de Dios en los creyentes.[65]

1. ¿En qué se basa la preservación de los creyentes?
2. ¿Qué significa cada uno de estos elementos?

**Lectura para hoy**: Romanos 5:10
1. ¿Cuál es el mensaje de hoy?

2. Mi desafío practico para hoy:

**Oración:**
*Entendemos por la Escritura, Señor Dios, que la preservación de los creyentes, se basa en la naturaleza de tu pacto de gracia, en el inmutable amor y poder tuyos, en los méritos, la mediación y la intercesión de Jesucristo, y en la presencia y ministerio de tu Espíritu Santo, quien renueva la imagen tuya en nosotros. Gracias por esta promesa. Amén.*

---

[65] **4.25** Salmos 23, 34, 91, 121; Jeremías 32:40; Juan 14:16-17; Romanos 5:10; 2 Corintios 5:5; 2 Timoteo 2:19; Hebreos 7:23-25; 1 Juan 2:1-2; Judas 24-25

### Pecado en los Creyentes

**4.26** Como consecuencia de la tentación y de ser negligentes con los medios de gracia, los creyentes pecan, provocan el desagrado de Dios y se privan de algunos favores y consolaciones prometidos. Pero los creyentes nunca estarán satisfechos hasta confesar sus pecados y ser renovados en su consagración a Dios.[66]

1. ¿Qué significa que los creyentes pecan?
2. ¿Qué provoca el pecado del creyente?
3. ¿Cuál es la diferencia entre un creyente y un no creyente en términos del pecado?

**Lectura para hoy**: Salmos 51:1-12
1. ¿Cuál es el mensaje de hoy?

2. Mi desafío practico para hoy:

**Oración:**
*Es cierto Señor Dios que como consecuencia de la tentación y de ser negligentes con los medios de gracia, nosotros pecamos, provocando tu desagrado y nos privamos de algunos favores y consolaciones prometidos. Pero también es cierto que los verdaderos creyentes nunca estaremos satisfechos hasta confesar nuestros pecados y ser renovados en nuestra consagración a ti. Amén.*

---

[66] **4.26** Salmos 32:3-5, 51:1-12; Isaías 59:1-2

# La Seguridad Cristiana

### La Seguridad Cristiana de Salvación

**4.27** Los creyentes que procuran conocer y hacer la voluntad de Dios y vivir en El así como El vive en ellos, pueden estar seguros, en esta vida, de su salvación y por lo tanto pueden regocijarse en la esperanza de compartir plenamente la gloria de Dios.[67]

1. ¿Qué es la seguridad cristiana?
2. ¿Qué se requiere de los creyentes para estar seguros de su salvación?
3. ¿Qué significa compartir plenamente la gloria de Dios?

**Lectura para hoy**: Romanos 5:1-5
1. ¿Cuál es el mensaje de hoy?

2. Mi desafío practico para hoy:

**Oración:**
   *Señor Dios, nosotros anhelamos conocer y hacer tu voluntad y vivir en ti cada día, así como tú vives en nosotros. Gracias por la promesa de que podemos estar seguros, en esta vida, de nuestra salvación y por lo tanto podemos regocijarnos en la esperanza de compartir plenamente tu gloria. Aleluya. Amén.*

---

[67] **4.27** Romanos 5:1-5; 2 Timoteo 1:11-12; 1 Juan 2:3-6, 5:13

### Base de la Seguridad Cristiana de Salvación
**4.28** Esta seguridad consoladora se basa en las promesas divinas, en la percepción interior de paz con Dios por medio de Jesucristo, y en el testimonio del Espíritu Santo, quien junto con el espíritu de los creyentes, les asegura que ellos son verdaderamente hijos de Dios. Esta seguridad es la promesa de la herencia plena de los creyentes.[68]

1. ¿En qué tres cosas se basa la seguridad de salvación?
2. ¿Qué es ser verdaderamente hijos de Dios?
3. ¿Cuál es la herencia plena de los creyentes?

**Lectura para hoy**: Efesios 1:13-14
1. ¿Cuál es el mensaje de hoy?

2. Mi desafío practico para hoy:

**Oración:**
*Señor Dios Padre, entendemos que debemos basar nuestra seguridad de salvación en tus promesas, en la percepción interior de paz contigo por medio de Jesucristo, y en el testimonio de tu Espíritu Santo, quien junto con nuestro espíritu, nos asegura que somos verdaderamente tus hijos. Esta seguridad, entonces, es la promesa de nuestra herencia plena. Gracias. Amén.*

---

[68] **4.28** Mateo 28:19-20; Romanos 5:1-2, 8:15-17; Efesios 1:13-14; Hebreos 6:17-20, 13:5; 2 Pedro 1:3-4, 10-11; 1 Juan 3:2-3, 14-15, 19-24, 4:13

### Creciendo en la Seguridad Cristiana

**4.29** Puede que esta seguridad no acompañe de inmediato la decisión inicial de confiar en Cristo. Sin embargo, aumentará a medida que los creyentes participen fielmente en la adoración, los sacramentos, el ministerio, el testimonio y la vida de la comunidad del pacto, por medio de la cual Dios confirma a los creyentes su promesa de nunca dejarlos ni abandonarlos.[69]

1. ¿Cómo aumenta la seguridad cristiana de salvación?
2. ¿Cómo confirma Dios a los creyentes su promesa de nunca dejarlos ni abandonarlos?

**Lectura para hoy**: 2 Pedro 1:10-11
1. ¿Cuál es el mensaje de hoy?

2. Mi desafío practico para hoy:

**Oración:**
*Señor Dios, algunos de nosotros puede que no sintamos de inmediato la seguridad de salvación cuando tomamos la decisión de confiar en Cristo. Sin embargo, la escritura nos asegura que aumentará a medida que participamos fielmente en la adoración, los sacramentos, el ministerio, el testimonio y la vida de la comunidad del pacto, por medio de la cual tú nos confirmas tu promesa de nunca dejarnos ni abandonarnos. Amén.*

---

[69] **4.29** Romanos 15:13, Hebreos 6:11-12; 2 Pedro 1:10-11

# 5.00
# DIOS CREA LA IGLESIA PARA UNA MISIÓN

# La Iglesia

### La Iglesia Universal
**5.01** Hay una iglesia santa, universal y apostólica. La iglesia es el cuerpo de Cristo, quien es su cabeza y Señor.[70]

1. ¿Cuántas iglesias hay?
2. ¿Qué significa que la iglesia es el cuerpo de Cristo?
3. ¿Qué significa que Cristo sea la cabeza y Señor de la iglesia?

**Lectura para hoy**: Efesios 1:22-23
1. ¿Cuál es el mensaje de hoy?

2. Mi desafío practico para hoy:

**Oración:**
*Señor Dios del cielo, nosotros reconocemos que hay una única iglesia santa, universal y apostólica. Y que la iglesia es el cuerpo de Cristo, quien es su cabeza y Dios. Aleluya.*

---

[70] **5.01** Mateo 16:18; Juan 10:16, 17:20-23; Romanos 12:4-5; 1 Corintios 10:17, 12:12-27; Efesios 1:22-23, 2:14-22, 3:4-6

### La Cabeza de la Iglesia
**5.02** La iglesia es una porque su cabeza y Señor es uno, Jesucristo. Esta unidad en el Señor se manifiesta en el ministerio único de la Palabra y los sacramentos, y no en ninguna uniformidad de expresión del pacto, organización o sistema de doctrina.[71]

1. ¿Por qué la iglesia es una?
2. ¿Cómo se manifiesta la unidad de la iglesia?

**Lectura para hoy**: Colosenses 1:18-20
1. ¿Cuál es el mensaje de hoy?
2. Mi desafío practico para hoy:

**Oración:**
*Señor Dios, celebramos que la iglesia es una, porque su cabeza y Dios es uno, Jesucristo. Esta unidad en el Señor se manifiesta en el ministerio único de la Palabra y los sacramentos, y no en ninguna uniformidad de expresión del pacto, organización o sistema de doctrina. Amén.*

---
[71] **5.02** Mateo 28:18-20; 1 Corintios 3:11; Efesios 4:15-16, 5:23; Colosenses 1:18-20

### La Santidad de la Iglesia
**5.03** La iglesia es santa porque está fundada en la obra completa y continua de Cristo, la cual la aparta para la gloria y el testimonio de Dios en este mundo. Así que su santidad descansa en que Dios la santifica para su misión redentora, y no en la santidad personal de sus miembros.[72]

1. ¿Por qué es santa la iglesia?
2. ¿En qué descansa la santidad de la iglesia?

**Lectura para hoy**: Juan 17:17-23
1. ¿Cuál es el mensaje de hoy?

2. Mi desafío practico para hoy:

**Oración:**
*Señor Dios, nosotros reconocemos que tu iglesia es santa porque está fundada en la obra completa y continua de Cristo, la cual la aparta para la gloria y el testimonio tuyo en este mundo. Así que su santidad descansa en que tú, Dios, la santificas para su misión redentora, y no en la santidad personal de sus miembros. Amén.*

---

[72] **5.03** Juan 17:17-23

### La Universalidad de la Iglesia

**5.04** La iglesia es universal porque la obra divina de salvación en Jesucristo es universal y no puede ser limitada a ningún lugar o tiempo. Su naturaleza universal se basa en el actuar universal del Espíritu Santo de Dios que hace efectiva la expiación de Cristo para todas las personas. Esta naturaleza universal se expresa en la gran comisión de la iglesia de hacer discípulos de todas las naciones.[73]

1. ¿Por qué la iglesia es universal?
2. ¿En qué se basa la naturaleza universal de la iglesia?
3. ¿Cómo se expresa la naturaleza universal de la iglesia?

**Lectura para hoy**: Mateo 28:18-29
1. ¿Cuál es el mensaje de hoy?

2. Mi desafío practico para hoy:

**Oración:**
  Tu iglesia, Señor Dios, entendemos, es universal porque la obra divina de salvación en Jesucristo es universal y no puede ser limitada a ningún lugar o tiempo. Su naturaleza universal se basa en el actuar universal de tu Espíritu Santo que hace efectiva la expiación de Cristo para todas las personas. También, que esta naturaleza universal se expresa en la gran comisión de la iglesia de hacer discípulos de todas las naciones. Amén.

---

[73] **5.04** Génesis 12:1-3; Mateo 8:11, 28:18-20; Juan 3:16; Gálatas 3:28; Hebreos 2:9; Apocalipsis 7:9-10

### La Base Apostólica de la Iglesia

**5.05** La iglesia es apostólica porque Dios la llamó a existir por medio de la proclamación del Evangelio que fue encomendada primero a los apóstoles. Por lo tanto, la iglesia se edifica sobre el mensaje apostólico que es proclamado fielmente por los mensajeros que siguen las huellas de los apóstoles.[74]

1. ¿Por qué se dice que la iglesia es apostólica?
2. ¿Cuál es el mensaje apostólico?

**Lectura para hoy**: 1 Corintios 1:21-25
1. ¿Cuál es el mensaje de hoy?

2. Mi desafío practico para hoy:

**Oración:**
*Tu iglesia, Señor Dios, es apostólica porque tú la llamaste a existir por medio de la proclamación del Evangelio que fue encomendada primero a los apóstoles. Por lo tanto, tu iglesia se edifica sobre el mensaje apostólico que es proclamado fielmente por los mensajeros que siguen las huellas de los apóstoles. Permítenos Señor, ser de los que predican al Cristo resucitado. Amén.*

---

[74] **5.05** Mateo 28:18-20; Juan 20:21-23; Hechos 10:42-43; Romanos 10:14-18; 1 Corintios 1:21-25, 15:1-11; 2 Corintios 5:18-21; 1 Pedro 1:10-12

### ¿Quiénes Conforman la Iglesia?
**5.06** La iglesia, que es la comunidad del pacto conformada por los creyentes que han sido redimidos, incluye a todas las personas que en toda época, pasada, presente, y futura, responden por fe al pacto de gracia de Dios, junto con todas aquellas personas que por razones que solo Dios conoce, no son capaces de responder, pero que son salvas por su gracia.[75]

1. ¿Qué otro nombre recibe la iglesia?
2. ¿Quiénes son incluidos en la comunidad del pacto?
3. ¿Qué personas no tienen la capacidad de responder al llamado de Dios?

**Lectura para hoy**: Apocalipsis 7:9-10
1. ¿Cuál es el mensaje de hoy?

2. Mi desafío practico para hoy:

**Oración:**
*Gracias Señor Dios por hacernos parte de tu iglesia, la comunidad del pacto, conformada por todos los que hemos sido redimidos, incluyendo a todas las personas que en toda época, pasada, presente, y futura, responden por fe al pacto de gracia tuyo, junto con todas aquellas personas que por razones que solo tú conoces, no tienen la capacidad de responder, pero que son salvas por tu gracia. Amén.*

---

[75] **5.06** Génesis 12:1-3, 17:1-7; Mateo 8:11; Gálatas 3:26-29; Hebreos 12:18-24; Apocalipsis 7:9-10

### ¿Quiénes Conforman la Iglesia en el Mundo?

**5.07** La iglesia en el mundo está conformada por todos aquellos que responden por fe a la gracia salvadora de Dios y entran en un pacto formal con Dios y los unos con los otros. Los niños de los creyentes están incluidos en esta comunidad del pacto y están bajo el cuidado especial y la instrucción de la iglesia y de sus padres o tutores.[76]

1. ¿Quiénes conforman la iglesia en el mundo?
2. ¿Qué pasa con los niños de los creyentes?

**Lectura para hoy**: Hechos 2:39
1. ¿Cuál es el mensaje de hoy?

2. Mi desafío practico para hoy:

**Oración:**
*Gracias Señor Dios por tu iglesia en el mundo, conformada por todos aquellos que hemos respondido por fe a tu gracia salvadora y hemos entrado en un pacto formal contigo y los unos con los otros. Gracias por nuestros niños, que están incluidos en el pacto y están bajo el cuidado especial y la instrucción de la iglesia y de sus padres o tutores. Bendice cada día a los niños. Amén.*

---

[76] **5.07** Génesis 17:1; Deuteronomio 6:4-9; Isaías 40:11; Mateo 19:13-15; Hechos 2:39; 1 Corintios 7:13-14; Efesios 6:1-4

### La Voluntad de Dios Para los Creyentes

**5.08** Por cuanto la iglesia en el mundo está formada por personas imperfectas en el conocimiento y el poder para hacer la voluntad de Dios, la iglesia espera ansiosamente la redención plena de la familia de Dios. Hasta que llegue ese momento, la voluntad de Dios es que todos los creyentes lo adoren y testifiquen a través de la iglesia en el mundo, y Dios promete guiar la vida y crecimiento de la iglesia por el Espíritu Santo.[77]

1. ¿Por qué la iglesia espera la redención plena de la familia de Dios?
2. ¿Cuál es la voluntad de Dios para los creyentes mientras esperan la redención plena?

**Lectura para hoy**: Hechos 1:6-8
1. ¿Cuál es el mensaje de hoy?

2. Mi desafío practico para hoy:

**Oración:**

*Reconocemos Señor Dios que la iglesia en el mundo está formada por personas que somos imperfectas en el conocimiento y el poder para hacer tu voluntad. Por eso como iglesia esperamos ansiosamente la redención plena de la familia de Dios. Entonces hasta que llegue ese momento Señor, entendemos que tu voluntad es que todos te adoremos y testifiquemos a través de la iglesia en el mundo, ya que tú prometes guiar la vida y crecimiento de la iglesia por tu Espíritu Santo. Amén.*

---

[77] **5.08** Mateo 5:14-16, 13:24-30, 47-50, 28:18-20; Hechos 1:6-8; 1 Corintios 12:4-11

### ¿Para Qué Existe la Iglesia?

**5.09** La iglesia en el mundo nunca existe sólo para sí misma, sino para glorificar a Dios y para trabajar por la reconciliación a través de Cristo. Cristo reclama para sí la iglesia y le da la Palabra y los sacramentos para que lleve la gracia y el juicio de Dios a las personas.[78]

1. ¿Para qué existe la iglesia en el mundo?
2. ¿Cómo lleva la iglesia, la gracia y el juicio de Dios a las personas?

**Lectura para hoy**: Isaías 49:6
1. ¿Cuál es el mensaje de hoy?

2. Mi desafío practico para hoy:

**Oración:**
*Entendemos Señor Dios que la iglesia en el mundo nunca existe sólo para sí misma, sino para glorificarte y para trabajar por la reconciliación a través de Cristo. También entendemos que Cristo reclama para sí la iglesia y le da la Palabra y los sacramentos para que lleve tu gracia y tu juicio a las personas. Queremos ser miembros que participan activamente en esta misión. Amén.*

---

[78] **5.09** Isaías 49:6; Mateo 5:14-16, 28:19-20; Juan 15:1-11; 2 Corintios 5:14-21

### La Comunión Cristiana

**5.10** Todos los que están unidos a Cristo por fe están unidos también los unos a los otros en amor. En esta comunión ellos deben compartir la gracia de Cristo, sobrellevar las cargas los unos a los otros y extenderse hacia las personas de afuera.[79]

1. ¿Qué es la comunión cristiana?
2. ¿Qué se debe hacer en la comunión cristiana?

**Lectura para hoy**: Gálatas 5:13-14
1. ¿Cuál es el llamado para hoy?

2. Mi desafío practico para hoy:

**Oración:**
*Gracias Padre por la verdad de que todos los que estamos unidos a Cristo por fe, estamos unidos también los unos a los otros en amor. En esta comunión somos llamados a compartir la gracia de Cristo, sobrellevar las cargas los unos a los otros y extendernos hacia las personas de afuera. Reconocemos el peligro de acabar destruyéndonos unos a otros. Protégenos de nosotros mismos. Amén.*

---
[79] **5.10** Romanos 12:19-21; Gálatas 5:13-14, 6:1-2; Filipenses 2:1-7; 1 Tesalonicenses 3:12-13, 5:11-15; Hebreos 13:1-3; 1 Pedro 4:8-11

### Relación con Otros Grupos Religiosos

**5.11** La comunión de los creyentes tiene un sentido especial para los miembros de un mismo grupo organizado. Más allá de su comunidad local, los creyentes tienen una relación especial con otros grupos organizados con los cuales comparten credos similares, un trasfondo histórico común, y formas de pacto comunal.[80]

1. ¿Qué significa tener relación con otros grupos religiosos?
2. ¿Qué hay que tener en cuenta al momento de establecer relaciones con otros grupos religiosos?

**Lectura para hoy**: Salmos 133
1. ¿Cuál es el mensaje de hoy?

2. Mi desafío practico para hoy:

**Oración:**
*Es cierto Señor Dios que la comunión entre nosotros tiene un sentido especial en nuestra iglesia local. Más allá de nuestra comunidad local, queremos establecer relaciones especiales con otras comunidades cristianas con las cuales compartamos credos similares, un trasfondo histórico común, y formas de pacto comunal. Guíanos en estas relaciones y ayúdanos a discernir cuando no debemos pasar más allá de solo respetarnos mutuamente. Amén.*

---

[80] **5.11** Salmos 133; Hechos 2:42-47

# La Adoración Cristiana

### La Adoración Cristiana

**5.12** La adoración cristiana es la afirmación de la presencia viva de Dios y la celebración de sus actos poderosos. La adoración es central en la vida de la iglesia y es la respuesta apropiada de todos los creyentes al señorío y a la soberanía de Dios.[81]

1. ¿Qué es la adoración cristiana?
2. ¿Cuál es la respuesta apropiada de los creyentes al señorío y soberanía de Dios?

**Lectura para hoy**: Salmos 95:1-7
1. ¿Cuál es el llamado para hoy?

2. Mi desafío practico para hoy:

**Oración:**
*Nuestra adoración, Dios Padre, es nuestra afirmación de tu presencia viva, y nuestra celebración de tus actos poderosos. La adoración es central en la vida de nuestra iglesia y es nuestra respuesta apropiada a tu señorío y a tu soberanía. Tu eres nuestro Dios y nosotros somos el pueblo de tu prado, somos un rebaño bajo tu cuidado. Amén.*

---

[81] **5.12** Salmos 29:1-2, 95:1-7, 96:1-9, 145:4-7; Mateo 4:10; Juan 4:22-24

### ¿Qué Sucede en la Adoración?

**5.13** En la adoración, Dios reclama para sí a las personas en Cristo y les ofrece seguridad de amor, perdón, dirección y redención. Los creyentes responden a Dios con alabanza, confesión, acción de gracias, amor y compromiso al servicio.[82]

1. ¿Qué sucede en la adoración?
2. ¿Cómo responden a Dios los creyentes durante la adoración?

**Lectura para hoy**: Salmos 100
1. ¿Cuál es el mensaje de hoy?

2. Mi desafío practico para hoy:

**Oración:**
 *Entendemos Señor Dios que en la adoración, tú, nos reclamas para ti y nos ofreces seguridad de amor, perdón, dirección y redención. Nosotros queremos siempre responder a ti con alabanza, confesión, acción de gracias, amor y compromiso al servicio. Reconocemos que tú eres Dios, tu nos hiciste, y somos tuyos. Somos tu pueblo, ovejas de tu prado. Amén.*

---

[82] **5.13** Salmos 89:1-2, 100, 150; Efesios 5:18-20; Hebreos 13:15; 1 Pedro 2:9-10

### ¿Qué Incluye la Adoración Cristiana?

**5.14** La adoración cristiana incluye proclamar el Evangelio de Jesucristo, celebrar los sacramentos, leer y escuchar las Escrituras, orar, cantar, y comprometer la vida y los recursos a Dios. Esta adoración comunitaria de la iglesia da validez y apoyo a otras formas de adoración que la iglesia encuentre significativas para celebrar la presencia viva de Dios.[83]

1. ¿Qué incluye la adoración cristiana?
2. ¿Qué otras formas de adoración pueden ser significativas para celebrar la presencia viva de Dios?

**Lectura para hoy**: Hechos 2:44-47
1. ¿Cuál es el mensaje de hoy?

2. Mi desafío practico para hoy:

**Oración:**
Señor Dios, pedimos que nuestra adoración incluya siempre la proclamación del Evangelio, la celebración de los sacramentos, leer y escuchar las Escrituras, orar, cantar, así como comprometer nuestra vida y nuestros recursos a ti. Danos creatividad para encontrar otras formas de adoración en las que podamos celebrar tu presencia viva. Amén.

---

[83] **5.14** Hechos 2:44-47, 10:34-48, 20:7-11; 1 Timoteo 2:1-10; Hebreos 10:19-25

### ¿Cuándo se Debe Adorar a Dios?

**5.15** Se debe adorar a Dios en comunidad y en privado. La adoración comunitaria se practica en la reunión de la congregación, en grupos pequeños de la iglesia y en reuniones masivas de creyentes. La adoración privada se practica por medio de la meditación, la oración y el estudio de las Escrituras, en diferentes contextos, especialmente por los individuos y las familias en el hogar.[84]

1. ¿Cómo se debe adorar a Dios?
2. ¿Cómo se practica la adoración comunitaria?
3. ¿Cómo se practica la adoración privada?

**Lectura para hoy**: 1 Corintios 14:26-33
1. ¿Cuál es el mensaje de hoy?

2. Mi desafío practico para hoy:

**Oración:**
   *Señor Dios, es nuestro deber adorarte, no solo cuando estamos en la iglesia sino también en privado. Siempre es un gozo adorarte en la reunión de la congregación, en grupos pequeños y en reunión con otras iglesias. También Señor Dios anhelamos adorarte privadamente por medio de la meditación, la oración y el estudio de las Escrituras, a solas y en el hogar. Amén.*

---

[84] **5.15** Josué 24:15; Mateo 6:6-13; 1 Corintios 14:26-33; Efesios 5:18-20

# Los Sacramentos

### Los Sacramentos

**5.16** Los sacramentos son signos y testimonios del pacto de la gracia de Dios. La circuncisión y la pascua son los sacramentos del Antiguo Testamento; el bautismo y la Cena del Señor son los sacramentos del Nuevo Testamento. Los sacramentos son dados por Dios y se hacen efectivos por su presencia, palabra y voluntad.[85]

1. ¿Qué son los sacramentos?
2. ¿Cuáles son los sacramentos del Antiguo Testamento?
3. ¿Cuáles son los sacramentos del Nuevo Testamento?
4. ¿Quién da los sacramentos y como se hacen efectivos?

**Lectura para hoy**: Génesis 17:9-14; Éxodo 12:21-27
1. ¿Cuál es el mensaje de hoy?

2. Mi desafío practico para hoy:

**Oración:**
Gracias Señor Dios por los sacramentos, signos y testimonios de tu pacto de la gracia. En el pasado la circuncisión y la pascua fueron los sacramentos; ahora los sacramentos son el bautismo y la Cena del Señor. Gracias por que nos has dado los sacramentos y por la realidad de que ellos se hacen efectivos por tu presencia, palabra y voluntad. Amén.

---

[85] **5.16** Génesis 17:9-14; Éxodo 12:21-27; Mateo 26:26-29, 28:19-20; Romanos 4:11

### ¿Quién Ordenó los Sacramentos del Nuevo Testamento?

**5.17** Jesucristo ordenó los sacramentos del bautismo y la Cena del Señor para la iglesia. Los sacramentos son administrados por la iglesia y por medio de la iglesia como parte de su adoración comunitaria, que han sido encargados a ministros propiamente ordenados y que están bajo la autoridad de un tribunal de la iglesia.[86]

1. ¿Quién ordenó los sacramentos del Nuevo Testamento?
2. ¿Cuándo administra la iglesia los sacramentos?
3. ¿Quiénes han sido encargados de ministrar los sacramentos?

**Lectura para hoy**: Mateo 28:19-20
1. ¿Cuál es el mensaje de hoy?

2. Mi desafío practico para hoy:

**Oración:**
*Gracias Señor Jesucristo por los sacramentos del bautismo y la Cena del Señor. Gracias por que ellos son administrados por la iglesia y por medio de la iglesia como parte de nuestra adoración. Y gracias por los ministros ordenados a quienes se les encargó su administración. Amén.*

---

[86] **5.17** Mateo 28:19-20; Marcos 14:22-25; 1 Corintios 10:16-17, 11:23-26

# El Bautismo

### ¿Qué Simboliza el Bautismo?

**5.18** El bautismo simboliza el bautismo del Espíritu Santo y es el signo externo del pacto que marca la membrecía en la comunidad de fe. En este sacramento, la iglesia es testigo de la iniciativa de Dios de reclamar para sí personas en Cristo, perdonarles sus pecados, darles su gracia, modelar y ordenar sus vidas a través la obra del Espíritu Santo y apartarlas para el servicio.[87]

1. ¿Hay en la Biblia un solo simbolismo del bautismo o más de uno?
2. ¿Qué simboliza el bautismo para los Presbiterianos Cumberland?
3. ¿De qué es el signo externo, el bautismo?
4. ¿De qué es testigo la iglesia durante el sacramento del bautismo?

**Lectura para hoy**: Hechos 2:38-41
1. ¿Cuál es el mensaje de hoy?

2. Mi desafío practico para hoy:

**Oración:**
Señor Dios, nosotros entendemos que en la Biblia hay diferentes símbolos y significados del bautismo. La Iglesia Presbiteriana Cumberland entiende el bautismo como símbolo del bautismo del Espíritu Santo y como signo externo del pacto que marca la membrecía en la comunidad de fe. En este sacramento, la iglesia es testigo de tu iniciativa de reclamar para ti personas en Cristo, perdonarles sus pecados, darles tu gracia, modelar y ordenar sus vidas a través la obra de tu Espíritu Santo y apartarlas para el servicio. Amén.

---

[87] **5.18** Mateo 3:11-12; Hechos 2:38-41, 10:44-48

### ¿Quiénes Pueden Ser Bautizados?

**5.19** El sacramento del bautismo es administrado a niños cuando uno o ambos padres o tutores afirman fe en Jesucristo y asumen las responsabilidades del pacto. También es administrado a todas las personas que afirman fe personal en Jesucristo y no han recibido el sacramento.[88]

1. ¿Cuándo se puede administrar el bautismo a niños?
2. ¿Cuándo se administra el bautismo a adultos?

**Lectura para hoy**: Hechos 16:14-15
1. ¿Cuál es el mensaje de hoy?

2. Mi desafío practico para hoy:

**Oración:**
*Entendemos Señor Dios, que el sacramento del bautismo puede ser administrado a los niños cuando uno o ambos padres o tutores afirman fe en Jesucristo y asumen las responsabilidades del pacto. También es administrado a todas las personas que afirman fe personal en Jesucristo y no han recibido el sacramento. Permite Señor que en el bautismo las personas puedan experimentar la presencia de tu Espíritu Santo de una manera sobrenatural. Amén.*

---

[88] **5.19** Hechos 16:14-15, 32-33; 1 Corintios 1:16

### El Elemento Usado en el Bautismo

**5.20** El agua es el elemento que se debe usar en este sacramento. La persona que recibe el sacramento se debe bautizar en el nombre del Padre y del Hijo y del Espíritu Santo.[89]

1. ¿Qué elemento se usa para el bautismo?
2. ¿Cuál es la fórmula que se debe usar para el bautismo?
3. ¿Por qué se debe bautizar en el nombre del Padre y del Hijo y del Espíritu Santo?

**Lectura para hoy**: Hechos 8:36-39; 10:47-48
1. ¿Cuál es el mensaje de hoy?

2. Mi desafío practico para hoy:

**Oración:**
*Señor Dios, al bautizar en agua, en el nombre del Padre y del Hijo y del Espíritu Santo, las personas reciben la confirmación de que son hijos y son sellados con tu Espíritu Santo. Permite que esta experiencia sea una realidad trascendental en la vida de los creyentes. Amén.*

---

[89] **5.20** Mateo 28:19; Hechos 8:36-39, 10:47-48

### Modo de Bautismo

**5.21** Al administrar el sacramento, el verter o rociar agua sobre la persona por parte del ministro simboliza apropiadamente el bautismo del Espíritu Santo. Sin embargo, la validez del sacramento no depende del modo de su administración.[90]

1. ¿Hay en la práctica de la Iglesia Cristiana en general un solo modo de bautizar o más de uno?
2. ¿Qué significa durante el bautismo, el verter o rociar agua sobre la persona?
3. ¿Qué significa la declaración, "la validez del sacramento no depende del modo de su administración"?

**Lectura para hoy**: Tito 3:4-7
1. ¿Cuál es el mensaje de hoy?

2. Mi desafío practico para hoy:

**Oración:**
*Señor Dios, la Iglesia Cristiana en general tiene diferentes modos de practicar el bautismo. En la Iglesia Presbiteriana Cumberland, el verter o rociar agua sobre la persona por parte del ministro simboliza el bautismo del Espíritu Santo. Gracias por que en realidad la validez del sacramento no depende del modo de su administración sino por tu presencia, palabra y voluntad. Amén.*

---

[90] **5.21** Hechos 2:33, 10:45; Tito 3:4-7

### El Bautismo y la Salvación

**5.22** Es el deber y el privilegio de todos los creyentes buscar el bautismo para sí mismos y para sus niños y aceptar sus beneficios. Sin embargo, el bautismo no es una condición indispensable para la salvación ni es efectivo fuera de la vida en Cristo y fuera la iglesia.[91]

1. ¿Cuál es el deber y privilegio de todos los creyentes referente al bautismo?
2. ¿Cuáles son los beneficios del bautismo?
3. ¿Qué significa que "el bautismo no es una condición indispensable para la salvación"?
4. ¿Qué significa la declaración, "ni es efectivo fuera de la vida en Cristo y fuera de la iglesia"?

**Lectura para hoy**: Hechos 8:36-39
1. ¿Cuál es el mensaje de hoy?

2. Mi desafío practico para hoy:

**Oración:**
*Entendemos Señor Dios que es deber y privilegio de todos los creyentes buscar el bautismo para sí mismos y para sus niños y aceptar sus beneficios. También entendemos Señor que el bautismo no es una condición indispensable para la salvación ni es efectivo fuera de la vida en Cristo y fuera la iglesia. Permite Señor que aquellos que no han sido bautizados puedan experimentar el gozo de esta experiencia. Amén.*

---

[91] **5.22** Hechos 8:36-39, 16:15, 33; 1 Corintios 10:16

# La Cena del Señor

**La Cena del Señor**

**5.23** La Cena del Señor fue instituida por Jesucristo en la noche que fue traicionado. Es un medio a través del cual la iglesia recuerda y proclama la pasión y muerte de Cristo en la cruz. El sacramento es también un medio perpetuo dado a la iglesia para celebrar y experimentar la presencia continua del Señor resucitado y la esperanza que tiene la Iglesia en el regreso del Señor.[92]

1. ¿Quién instituyó la Cena del Señor?
2. ¿Qué recuerda y proclama la Cena del Señor?
3. ¿Qué celebra y experimenta la iglesia durante la Cena del Señor?

**Lectura para hoy**: Mateo 26:26-29
1. ¿Cuál es el mensaje de hoy?

2. Mi desafío practico para hoy:

**Oración:**
*Señor Jesús, nosotros leemos en las Escrituras que la noche en que fuiste traicionado instituiste la Cena del Señor. Gracias por que este es un medio a través del cual recordamos y proclamamos tu pasión y muerte en la cruz. Gracias también porque este es un medio perpetuo que nos has dado para celebrar y experimentar tu presencia continua y la esperanza que tenemos en tu regreso. Amén.*

---

[92] **5.23** Mateo 26:26-29; 1 Corintios 10:16-17, 11:23-26

### Los Elementos Usados en la Cena del Señor

**5.24** Los elementos usados en este sacramento son el pan y el fruto de la vid, los cuales representan el cuerpo y la sangre de Cristo. Los elementos en sí mismos nunca deben ser objeto de adoración puesto que nunca son más que pan y fruto de la vid. Sin embargo, dado que el sacramento representa la pasión y la muerte del Salvador, no debe ser recibido sin la debida autoevaluación, reverencia, humildad y reconocimiento con gratitud de la presencia de Cristo.[93]

1. ¿Qué elementos son usados en la Cena del Señor y que representa cada uno?
2. ¿Por qué los elementos en sí mismos nunca deben ser objeto de adoración?
3. ¿Cómo se debe recibir el sacramento de la Cena del Señor?

**Lectura para hoy**: 1 Corintios 11:23-34
1. ¿Cuál es el mensaje de hoy?

2. Mi desafío practico para hoy:

**Oración:**

*Señor Jesús, entendemos que cuando usamos pan y jugo de uva, representando tu cuerpo y tu sangre, no debemos adorarlos puesto que nunca son más que pan y jugo de uva. Sin embargo, dado que el sacramento representa tu pasión y tu muerte, no queremos recibirlos sin la debida autoevaluación, reverencia, humildad y reconocimiento con gratitud de tu presencia. Amén.*

---

[93] **5.24** Mateo 26:26-29; 1 Corintios 5:7-8, 11: 27-34

### Significado Para Quienes Participan de la Cena

**5.25** Este sacramento es, para todos los que lo celebran, un medio de nutrición y crecimiento espiritual, un acto de obediencia agradecida a Cristo y un compromiso con la obra y el servicio de su iglesia.[94]

1. ¿Qué significado tiene la Cena del Señor para quienes la toman?
2. ¿Qué significa que la Cena del Señor es un medio de nutrición y crecimiento espiritual?
3. ¿Qué significa que la Cena del Señor sea un acto de obediencia agradecida a Cristo?
4. ¿Qué significa que la Cena del Señor sea un compromiso con la obra y el servicio de la iglesia?

**Lectura para hoy**: 1 Corintios 10:16-17
1. ¿Cuál es el mensaje de hoy?

2. Mi desafío practico para hoy:

**Oración:**
Señor Dios, cuando celebramos la Cena del Señor, entendemos que ésta es un medio de nutrición y crecimiento espiritual para nosotros, un acto de obediencia agradecida a Cristo y un compromiso con la obra y el servicio de su iglesia. Amén.

---

[94] **5.25** Hechos 2:42, 46-47; 1 Corintios 11:23-26

### ¿Quiénes Pueden Participar de la Cena del Señor?
**5.26** Todas las personas que hacen parte de la comunidad del pacto y que están comprometidas con la vida cristiana son invitadas y motivadas para recibir este sacramento.[95]

1. ¿Quiénes pueden participar de la Cena del Señor?
2. ¿Qué significa estar comprometido con la vida cristiana?

**Lectura para hoy**: Hechos 2:42
1. ¿Cuál es el mensaje de hoy?

2. Mi desafío practico para hoy:

**Oración:**
*Señor Dios Padre, la celebración de la Cena del Señor es muy importante para la vida de la iglesia. Todas las personas que hacemos parte de la comunidad del pacto y que estamos comprometidas con la vida cristiana somos invitadas y motivadas para recibir este sacramento. Permítenos vivir siempre en la unidad de tu cuerpo. Amén.*

---
[95] **5.26** Mateo 26:26-28; 1 Corintios 11:28-32

### ¿Cuándo se Debe Celebrar la Cena del Señor?
**5.27** Cada congregación debe celebrar este sacramento con regularidad. Cada cristiano debe recibirlo con frecuencia.[96]

1. ¿Cuándo debe la iglesia celebrar la Cena del Señor?
2. ¿Cuándo deben los creyente participar de la Cena del Señor?

**Lectura para hoy**: 1 Corintios 11:26
1. ¿Cuál es el mensaje de hoy?

2. Mi desafío practico para hoy:

**Oración:**
*Señor Dios, nosotros entendemos que cada vez que como congregación celebramos este sacramento proclamamos la muerte del Señor. Por eso cada uno queremos recibirlo cada vez que sea posible de manera digna. Gracias. Amén.*

---

[96] **5.27** 1 Corintios 14:40

# La Iglesia en Misión

### La Iglesia en Misión
**5.28** La iglesia, siendo nutrida y sostenida por la adoración, la proclamación y el estudio de la Palabra y la celebración de los sacramentos, es comisionada para dar testimonio a todas las personas que no han recibido a Cristo como Señor y Salvador.[97]

1. ¿Cómo se nutre y sostiene la iglesia?
2. ¿Para qué es comisionada la iglesia?
3. ¿Qué significa dar testimonio?

**Lectura para hoy**: Hechos 1:6-8
1. ¿Cuál es el mensaje de hoy?

2. Mi desafío practico para hoy:

**Oración:**
*Señor Jesús, entendemos que la iglesia, siendo nutrida y sostenida por la adoración, la proclamación y el estudio de la Palabra y la celebración de los sacramentos, fue comisionada por ti, para dar testimonio a todas las personas que no te han recibido como Dios y Salvador. Llénanos con el poder de tu Espíritu para ser tus testigos. Amén.*

---
[97] **5.28** Isaías 43:10, 49:6; Mateo 28:19-20; Lucas 24:45-49; Hechos 1:6-8, 5:30-32, 10:39-42, 22:14-15; 1 Pedro 2:9

### El Crecimiento de la Iglesia

**5.29** El crecimiento es natural en la vida de la iglesia. La iglesia fue creada y existe para alcanzar a los que no han experimentado la gracia de Dios en Cristo y para nutrirlos con todos los medios de gracia.[98]

1. ¿Qué significa la declaración, "el crecimiento es natural en la vida de la iglesia?
2. ¿Para qué fue creada y para qué existe la iglesia?
3. ¿Qué significa alcanzar y nutrir?
4. ¿Qué son los medios de gracia?

**Lectura para hoy**: Mateo 13:33
1. ¿Cuál es el mensaje de hoy?

2. Mi desafío practico para hoy:

**Oración:**
*Entendemos Señor Dios, que así como la levadura en una cantidad de harina fermenta la masa, el crecimiento es natural en la vida de la iglesia. La iglesia fue creada y existe para alcanzar a los que no han experimentado tu gracia en Cristo y para nutrirlos con todos los medios de gracia. Permítenos ser parte de aquellos que comparten el evangelio con otros. Amén.*

---

[98] **5.29** Mateo 13:33, 28:19-20; Juan 21:15-17; Hechos 2:41, 4:4, 6:7, 9:31; Efesios 4:10-16

### El Cristiano y Personas de Otras Religiones

**5.30** En el cumplimiento de la comisión apostólica, la comunidad del pacto ha encontrado y todavía encuentra personas que pertenecen a religiones que no reconocen a Jesucristo como Señor. Los cristianos son responsables por compartir las buenas nuevas de salvación por medio de Jesucristo, manteniendo el respeto por aquellas personas que se adhieren a otras religiones.[99]

1. ¿De qué son responsables los cristianos respecto a personas de otras religiones?
2. ¿Qué significa compartir las buenas nuevas de salvación por medio de Jesucristo a la vez que se respecta a las personas de otras religiones?

**Lectura para hoy**: Hechos 8:26-40
1. ¿Cuál es el mensaje de hoy?

2. Mi desafío practico para hoy:

**Oración:**
*Señor Dios, reconocemos que en el cumplimiento de la comisión apostólica, nosotros encontramos personas que pertenecen a religiones que no reconocen a Jesucristo como Dios. Es nuestra responsabilidad compartirles las buenas nuevas de salvación por medio de Jesucristo. Permítenos ser respetuosos, pero a la vez danos poder para compartirles lo que tú has hecho en nuestras vidas. Amén.*

---

[99] **5.30** Hechos 8:26-40, 10:34-38, 13:16-48, 14:1-3, 14-17; 17:22-31

### La Responsabilidad de Dar Testimonio

**5.31** La comunidad del pacto es responsable de dar testimonio de los actos poderosos de Dios en la vida, muerte y resurrección de Jesucristo. Cuando y donde este testimonio no sea completo, Dios siempre tendrá un testigo. Por lo tanto, no corresponde a la comunidad del pacto juzgar dónde o de qué manera Dios actúa para salvar por medio de Jesucristo.[100]

1. ¿Cuál es la responsabilidad de los creyentes?
2. ¿Por qué no debemos juzgar la salvación de otros seres humanos?

**Lectura para hoy**: Hechos 10:34-35
1. ¿Cuál es el mensaje de hoy?
2. Mi desafío practico para hoy:

**Oración:**
*Señor Dios, sabemos que somos responsables de dar testimonio de tus actos poderosos, en la vida, muerte y resurrección de Jesucristo. También entendemos que cuando y donde este testimonio no sea completo, tú siempre tendrás un testigo. Por lo tanto, no corresponde a nosotros juzgar dónde o de qué manera tú actúas para salvar por medio de Jesucristo. Entendemos que para ti no hay favoritismos, sino que tú ves con agrado a los que te temen y actúan con justicia. Amen*

---

[100] **5.31** Mateo 28:19-20; Hechos 10:34-35, 14:16-17, 17:22-31; Romanos 2:12-16

# El Gobierno de la Iglesia

### El Gobierno de la Iglesia

**5.32** Jesucristo como Señor y cabeza de la iglesia ha encargado el gobierno de la misma a personas cuyo oficio es tomar las decisiones que orientarán la vida y ministerio de la comunidad del pacto.[101]

1. ¿Ha quienes ha encargado Jesús el gobierno de la iglesia?
2. ¿Cuál es el oficio de estas personas?

**Lectura para hoy**: Hechos 14:23
1. ¿Cuál es el mensaje de hoy?

2. Mi desafío practico para hoy:

**Oración:**
*Entendemos Señor Dios que Jesucristo como Dios y cabeza de la iglesia ha encargado el gobierno de la misma a personas cuyo oficio es tomar las decisiones que orientan la vida y ministerio de la iglesia. Gracias por todos aquellos que te sirven en estos cargos. Amén.*

---

[101] **5.32** Hechos 1:21-26, 6:1-6; 14:23; 15:6-22; Filipenses 1:1; 1 Timoteo 3:1-13, 5:17-22

### Responsabilidad de los que Gobiernan la Iglesia
**5.33** Estas personas tienen la responsabilidad de servir a la iglesia, examinar y recibir los miembros en la comunión de la iglesia, cuidarlos y nutrirlos en la fe, y disciplinar con amor y justicia a los que ofenden el Evangelio y las leyes de la iglesia.[102]

1. ¿Cuál es la responsabilidad que tienen los que gobiernan la iglesia?

**Lectura para hoy**: 1 Timoteo 5:17
1. ¿Cuál es el mensaje de hoy?

2. Mi desafío practico para hoy:

**Oración:**
*Gracias Señor Dios por todos los lideres en nuestra iglesia que tienen la responsabilidad de servir, examinar y recibir nuevos miembros en la comunión de la iglesia, cuidarlos y nutrirlos en la fe, y disciplinar con amor y justicia a los que ofenden el Evangelio y las leyes de la iglesia. Llénales con tu sabiduría cada día para que ellos dirijan bien los asuntos de la iglesia y sean dignos de doble honor. Amén.*

---

[102] **5.33** Mateo 18:15-20; Hechos 20:28-31; 1 Corintios 5:1-5; 1 Tesalonicenses 5:12-14; 1 Timoteo 5:17-22; Tito 1:5-9; 1 Pedro 5:1-5

# Los Tribunales de la Iglesia

### Los Tribunales de la Iglesia

**5.34** La Iglesia Presbiteriana Cumberland y la Iglesia Presbiteriana Cumberland en América se gobiernan por ciertos cuerpos representativos: el consistorio, el presbiterio, el sínodo y la Asamblea General. Cada uno de estos cuerpos eclesiásticos tiene autoridad legislativa, judicial y ejecutiva en sus áreas especiales de responsabilidad; sin embargo, todos deben actuar en reconocimiento de su interdependencia y misión cristiana.[103]

3. ¿Cuáles son los cuerpos representativos de la iglesia?
4. ¿Por qué se les llama cuerpos representativos?
5. ¿Qué significa autoridad legislativa, judicial y ejecutiva?
6. ¿Qué significa actuar en interdependencia y misión cristiana?

**Lectura para hoy**: Hechos 15:6-29
1. ¿Cuál es el mensaje de hoy?

2. Mi desafío practico para hoy:

**Oración:**
*Señor Dios, por asuntos organizativos la Iglesia Presbiteriana Cumberland se gobierna por ciertos cuerpos representativos: el consistorio, el presbiterio, el sínodo y la Asamblea General. Y cada uno de estos cuerpos eclesiásticos tiene autoridad legislativa, judicial y ejecutiva en sus áreas especiales de responsabilidad; sin embargo, entendemos todos deben actuar en reconocimiento de su interdependencia y misión cristiana. Gracias por nosotros ser parte de una familia de iglesias. Amén.*

---

[103] **5.34** Hechos 14:23, 15:6-29, 16:4; 1 Timoteo 4:13-16, 5:17-22; Tito 1:5-9

### Responsabilidades de los Cuerpos Representativos

**5.35** De acuerdo con la *Constitución* de la iglesia, es responsabilidad de estos cuerpos representativos, determinar asuntos de fe, conducta y gobierno, proponer formas de adoración y testimonio, ejercer disciplina y resolver las apelaciones que, siguiendo los conductos regulares, le sean presentadas.[104]

1. ¿Cuáles son las responsabilidades de los cuerpos representativos?
2. ¿Por qué se les llama cuerpos representativos?

**Lectura para hoy**: Hechos 15:22
1. ¿Cuál es el mensaje de hoy?

2. Mi desafío practico para hoy:

**Oración:**
*Señor Dios, entendemos que es responsabilidad de los cuerpos representativos en la iglesia, determinar asuntos de fe, conducta y gobierno, proponer formas de adoración y testimonio, ejercer disciplina y resolver las apelaciones que, siguiendo los conductos regulares, le sean presentadas. Gracias por la estructura de la iglesia que hace posible que el ministerio sea cumplido. Amén.*

---

[104] **5.35** Mateo 18:15-17; Hechos 15:6-29

# 6.00
# LOS CRISTIANOS VIVEN Y DAN TESTIMONIO EN EL MUNDO

# La Libertad Cristiana

### La Libertad Cristiana

**6.01** Por medio de Jesucristo, Dios libera a las personas de las cadenas, la opresión y la vergüenza del pecado y de las fuerzas pecaminosas, de la culpa y de las consecuencias penales del pecado, y les habilita para tener libre acceso a Dios. Esta libertad que está arraigada en el amor y no en el miedo, habilita a las personas para que lleguen a ser lo que Dios quiere que sean, para dar testimonio del Señor y para servir a Dios y al prójimo en las vocaciones de su vida común.[105]

1. ¿Qué es la libertad cristiana?
2. ¿De qué libera Dios a las personas?
3. ¿Para que habilita Dios a las personas?
4. ¿Qué produce esta libertad, que está arraigada en el amor y no en el miedo?

**Lectura para hoy**: Hechos 5:29-32
1. ¿Cuál es el mensaje de hoy?

2. Mi desafío practico para hoy:

**Oración:**
*Gracias Señor Dios que por medio de Jesucristo, tú, nos liberas de las cadenas, la opresión y la vergüenza del pecado y de las fuerzas pecaminosas, de la culpa y de las consecuencias penales del pecado, y nos habilitas para tener libre acceso a ti. Esta libertad que está arraigada en el amor y no en el miedo, nos habilita para llegar a ser lo que tú quieres que seamos, para dar testimonio del Señor y para servirte a ti y al prójimo en las vocaciones de nuestra vida común. Amén.*

---

[105] **6.01** Juan 8:31-36; Hechos 5:29-32, 40-42; Romanos 6:12-23, 7:24-25, 8:1-17, 14:4; 1 Corintios 8-9, 10:23-33; Gálatas 3:1-14, 5:1-26; Efesios 2:18, 3:11-12; 1 Juan 4:18

### Libertad de Conciencia

**6.02** Aunque sólo Dios es Señor de la conciencia, y aunque en asuntos de fe y adoración Dios libera a los creyentes de las opiniones y mandatos de otros que son contrarios a su Palabra, esto no excluye a los creyentes de la necesidad de la instrucción y disciplina de la iglesia.[106]

1. ¿Quién es el Señor de la conciencia?
2. ¿Qué significa que en asuntos de fe y adoración, Dios nos libera de las opiniones y mandatos de otros que son contrarios a su Palabra?
3. ¿Qué significa que los cristianos todavía tenemos necesidad de la instrucción y la disciplina de la iglesia?

**Lectura para hoy**: 1 Corintios 8
1. ¿Cuál es el mensaje de hoy?

2. Mi desafío practico para hoy:

**Oración:**
*Gracias Señor Dios que sólo tú eres Dios de nuestra conciencia, y en asuntos de fe y adoración tú nos liberas de las opiniones y mandatos de otros que son contrarios a tu Palabra. Entendemos que esto no excluye la necesidad de la instrucción y disciplina de la iglesia que todavía necesitamos. Amén.*

---

[106] **6.02** 1 Corintios 8, 12:12-27

### Pecar Bajo Pretexto de Libertad Cristiana

**6.03** Los creyentes que practican el pecado bajo el pretexto de la libertad cristiana violan la naturaleza y el propósito de esta libertad. Los creyentes son libres para amar y para servir al Señor, y no para hacer el mal.[107]

1. ¿Por qué los creyentes no pueden pecar bajo pretexto de la libertad cristiana?
2. ¿Para qué somos libres los creyentes?

**Lectura para hoy**: 1 Pedro 2:16
1. ¿Cuál es el mensaje de hoy?

2. Mi desafío practico para hoy:

**Oración:**
*Señor Dios, ayúdanos a no ser creyentes que practican el pecado bajo el pretexto de la libertad cristiana, violando la naturaleza y el propósito de esta libertad. Gracias por que los creyentes somos libres para amarte y para servirte, y no para hacer el mal. Amén.*

---

[107] **6.03** 1 Corintios 8; 1 Pedro 2:16

**Asuntos Civiles o Eclesiásticos**
**6.04** Los creyentes, que bajo el pretexto de la libertad cristiana, desafían el ejercicio propio de la autoridad legal y justa, ya sea civil o eclesiástica, están sujetos a la disciplina de la iglesia.[108]

1. ¿Quiénes están sujetos a la disciplina de la iglesia?

**Lectura para hoy**: Romanos 13:1-2
1. ¿Cuál es el mensaje de hoy?

2. Mi desafío practico para hoy:

**Oración:**
*No permitas Señor Dios que nosotros bajo el pretexto de la libertad cristiana, desafiemos el ejercicio propio de la autoridad legal y justa, ya sea civil o eclesiástica. Entendemos que si lo hacemos, como miembros de la iglesia, estamos sujetos a la disciplina de la misma. Ayúdanos a vivir cada día vidas justas. Amén.*

---

[108] **6.04** Mateo 18:17; Romanos 13:1-2; 1 Corintios 5; Tito 3:1; Hebreos 13:17; 1 Pedro 2:13-16

### La Lealtad Cristiana
**6.05** Los cristianos deben lealtad suprema a Jesucristo como Señor y nunca deben ceder esta lealtad a ningún gobierno ni nación, y en ejercicio de su conciencia cristiana se deben oponer a cualquier forma de injusticia.[109]

1. ¿A quién deben lealtad los cristianos?
2. ¿Qué es lo que nunca deben hacer los cristianos?
3. ¿A que se deben oponer los cristianos?
4. ¿Se ha opuesto usted a alguna algunas vez a una forma de injusticia?

**Lectura para hoy**: Mateo 6:24
1. ¿Cuál es el mensaje de hoy?

2. Mi desafío practico para hoy:

**Oración:**
Señor Dios del Cielo, nuestra lealtad suprema es a Jesucristo como Dios y no a ningún gobierno ni nación. También nos llama a ejercitar nuestra conciencia cristiana oponiéndonos a cualquier forma de injusticia. Ayúdanos a ejercer este ministerio de forma correcta. Amén.

---

[109] **6.05** Mateo 6:24; Hechos 4:5-31, 5:27-32; Apocalipsis 19:10

# Las Buenas Obras

### Las Buenas Obras

**6.06** Los creyentes son salvos por gracia por medio de la fe, lo cual produce el deseo de hacer las buenas obras para las cuales Dios crea a las personas en Jesucristo.[110]

1. ¿Cómo son salvos los creyentes?
2. ¿Qué deseo produce el ser salvos?
3. ¿Para qué fueron creadas las personas en Jesucristo?

**Lectura para hoy**: Efesios 2:4-10
1. ¿Cuál es el mensaje de hoy?

2. Mi desafío practico para hoy:

**Oración:**
*Gracias Señor Dios porque somos salvos por gracia por medio de la fe, lo cual produce el deseo en nosotros de hacer las buenas obras para las cuales tu, Dios, nos creaste en Jesucristo. Estas buenas obras tu las dispusiste de antemano a fin de que las pongamos en práctica. Amén.*

---

[110] **6.06** Salmos 116:12-14; Romanos 11:5-6; Efesios 2:4-10; Tito 3:4-7

### Las Buenas Obras y la Gracia

**6.07** Las buenas obras se hacen como una respuesta de gratitud al don de la gracia de Dios. Dios, por su gracia, acepta las obras de los creyentes a pesar de sus muchas debilidades y motivaciones imperfectas.[111]

1. ¿Por qué se hacen buenas obras?
2. ¿Por qué acepta Dios las obras de los creyentes?

**Lectura para hoy**: Lucas 19:8-9
1. ¿Cuál es el mensaje de hoy?

2. Mi desafío practico para hoy:

**Oración:**
   Señor Dios, nosotros los creyentes hacemos buenas obras como una respuesta de gratitud al don de tu gracia. Gracias por que a pesar de nuestras muchas debilidades y motivaciones imperfectas, tú, por tu gracia, aceptas nuestras obras. Permítenos ser siempre sinceros al obrar para ti y el prójimo. Amén.

---

[111] **6.07** Marcos 5:18-20; Lucas 7:47-50, 19:8-9

### Las Buenas Obras y la Salvación
**6.08** Las buenas obras son el resultado y no el medio de la salvación.[112]

1. ¿Qué significa que las obras sean el resultado y no el medio de la salvación?

**Lectura para hoy**: Gálatas 5:22-25
1. ¿Cuál es el mensaje de hoy?

2. Mi desafío practico para hoy:

**Oración:**
*Entendemos Señor Dios que las buenas obras son el resultado y no el medio de la salvación. Gracias por el fruto del Espíritu y por el haber crucificado nuestra naturaleza pecaminosa con sus pasiones y deseos. Amén.*

---

[112] **6.08** Lucas 6:43-45; Gálatas 5:22-25

### Tipos de Buenas Obras

**6.09** Las buenas obras incluyen no sólo los actos de servicio y misericordia ejemplificados por Cristo, sino también las decisiones éticas y morales que reflejan los valores y principios cristianos en todas las relaciones de la vida.[113]

1. ¿Qué son actos de servicio y misericordia?
2. ¿Qué son decisiones éticas y morales?
3. ¿Qué son valores y principios cristianos?

**Lectura para hoy**: Lucas 10:29-37
1. ¿Cuál es el mensaje de hoy?

2. Mi desafío practico para hoy:

**Oración:**
*Entendemos Señor Dios por las Escrituras que las buenas obras incluyen no sólo los actos de servicio y misericordia ejemplificados por Cristo, sino también las decisiones éticas y morales que reflejan los valores y principios cristianos en todas las relaciones de la vida. Enséñanos cada día a vivir una vida cristiana de testimonio. Amén.*

---

[113] **6.09** Isaías 58:6-7; Mateo 25:31-46; Lucas 10:29-37; Hebreos 6:9-12, 13:1-5; Santiago 1:19-27, 2:8-26; 1 Pedro 2:11-25

# La Mayordomía Cristiana

### La Mayordomía Cristiana

**6.10** La mayordomía cristiana reconoce que toda la vida y la creación nos han sido encomendadas por Dios para ser usadas para su gloria y servicio. Esto incluye la conservación y el uso responsable de los recursos naturales, así como el uso creativo de las destrezas y energías humanas. Estos dones de Dios se deben compartir con todos, especialmente con los pobres.[114]

1. ¿Qué es mayordomía?
2. ¿Qué reconoce la mayordomía cristiana?
3. ¿Qué incluye la mayordomía cristiana?
4. ¿Qué se debe hacer con los dones de Dios?

**Lectura para hoy**: 1 Corintios 4:7
1. ¿Cuál es el mensaje de hoy?

2. Mi desafío practico para hoy:

**Oración:**
*Entendemos Señor Dios que tu nos llamas a reconocer que toda la vida y la creación nos han sido encomendadas por ti, para ser usadas para tu gloria y servicio. Esto incluye la conservación y el uso responsable de los recursos naturales, así como el uso creativo de las destrezas y energías humanas. Y que estos dones tuyos se deben compartir con todos, especialmente con los pobres. Queremos ser agradecidos por todos estos dones Señor. Amén.*

---

[114] **6.10** Génesis 1:26-31; Salmos 8:3-8, 24:1, 50:10-12; Hechos 4:32-37, 20:33-35; 1 Corintios 4:7; Gálatas 2:9-10; Santiago 1:17, 2:1-7

### Motivación para la Mayordomía Cristiana

**6.11** La motivación para la mayordomía cristiana es la gratitud por el amor y la misericordia abundantes de Dios, acompañada por el deseo de compartir todas las buenas dadivas de Dios con los demás.[115]

1. ¿Cuál es la motivación para la mayordomía cristiana?
2. ¿A que llamamos las buenas dadivas de Dios?

**Lectura para hoy**: Lucas 21:1-4
1. ¿Cuál es el mensaje de hoy?

2. Mi desafío practico para hoy:

**Oración:**
*Señor Dios clamamos que la motivación de nuestro corazón para la mayordomía cristiana sea gratitud por tu amor y tu misericordia abundantes, acompañada por el deseo de compartir todas tus buenas dadivas con otros. Ayúdanos a ser creyentes generosos. Amén.*

---

[115] **6.11** Lucas 21:1-4; Hechos 4:34-37, 9:36-41; 2 Corintios 8:1-15

**Los Dones**

**6.12** Dios da a la familia humana una variedad de dones; estos incluyen los dones dados a cada persona y por los cuales cada uno es responsable. Dios desea que cada persona se involucre en el compartir muto de esos dones para que así todos puedan ser enriquecidos.[116]

1. ¿Qué son dones?
2. ¿Cuáles son sus dones?
3. ¿Cuál es el deseo de Dios referente a sus dones?

**Lectura para hoy**: Mateo 25:14-30
1. ¿Cuál es el mensaje de hoy?

2. Mi desafío practico para hoy:

**Oración:**
*Gracias Señor Dios por la variedad de dones que has dado a los seres humanos; estos incluyen los dones dados a cada uno de nosotros y por los cuales cada uno somos responsables. Tú deseas que cada uno de nosotros nos involucremos en el compartir muto de esos dones para que así todos puedan ser enriquecidos. Ayúdanos a reconocer nuestros dones individuales. Amén.*

---

[116] **6.12** Mateo 25:14-30; 1 Corintios 12:4-26, 13, 16:1-2; Efesios 4:1-6; 1 Pedro 4:10-11

### El Diezmo

**6.13** Dar en forma proporcional y regularmente de todo lo que Dios ha confiado a la familia humana es un acto de devoción y un medio de gracia. Dar para la iglesia y por medio de la iglesia es un privilegio de todos los creyentes. El diezmo es una guía bíblica de cómo dar, es una aventura de fe y una práctica rica y gratificante. Quien diezma no sólo experimenta la gracia de Dios sino también la gracia de compartir.[117]

1. ¿Qué significa dar en forma proporcional y regularmente?
2. ¿Qué significa devoción y medio de gracia?
3. ¿Por qué es un privilegio dar para la iglesia y por medio de la iglesia?
4. ¿Qué es el diezmo y por qué es una aventura de fe y una práctica rica y gratificante?

**Lectura para hoy**: Génesis 28:20-22
1. ¿Cuál es el mensaje de hoy?

2. Mi desafío practico para hoy:

**Oración:**
*Señor Dios, dar en forma proporcional y regularmente de todo lo que tú nos has confiado ha sido un acto de devoción y un medio de gracia en la iglesia cristiana por generaciones. Dar para la iglesia y por medio de la iglesia es un privilegio de todo creyente. El diezmo es una guía bíblica de cómo dar, una aventura de fe y una práctica rica y gratificante para quien lo hace. Permítenos experimentar tu gracia así como la gracia de compartir al diezmar.*

---

[117] **6.13** Génesis 28:22; Deuteronomio 14:22; Malaquías 3:8-11; Mateo 23:23; 1 Corintios 16:1-2

### Responsabilidad por Nuestra Mayordomía

**6.14** Todos los creyentes son responsables ante Dios y ante la comunidad del pacto por su mayordomía.[118]

1. ¿Por qué los creyentes son responsables por su mayordomía cristiana?

**Lectura para hoy**: Lucas 12:16-21
1. ¿Cuál es el mensaje de hoy?

2. Mi desafío practico para hoy:

**Oración:**
*Reconocemos Señor Dios que todos los creyentes somos responsables ante ti, y ante la congregación por nuestra mayordomía. Permítenos no ser de los que acumulan para sí, sino que administran bien lo que tú nos has dado. Amén.*

---
[118] **6.14** Mateo 12:36-37; Lucas 12:16-21, 47-48; Romanos 14:10-12; 1 Corintios 4:1-2; 2 Corintios 5:9-10

# El Matrimonio y la Familia

### El Matrimonio y la Familia

**6.15** Dios creó la familia como la comunidad básica en la cual las personas experimentan el amor, el compañerismo, el apoyo mutuo, la protección, la disciplina, el consuelo y otras bendiciones. El matrimonio es la relación normal en la cual los niños nacen.[119]

1. ¿Qué es la familia?
2. ¿Cuál es la importancia del matrimonio en relación a los niños?

**Lectura para hoy**: Efesios 6:1-4
1. ¿Cuál es el mensaje de hoy?
2. Mi desafío practico para hoy:

**Oración:**
 Gracias Señor Dios al crear la familia como la comunidad básica en la cual experimentamos el amor, el compañerismo, el apoyo mutuo, la protección, la disciplina, el consuelo y otras bendiciones. Reconocemos que el matrimonio es la relación normal en la cual los niños nacen. Bendice las familias y las relaciones matrimoniales. Amén.

---

[119] **6.15** Génesis 1:26-31, 2:8-24; Proverbios 31:10-31; Cantares 8:7; Mateo 19:3-12; 1 Corintios 13; Efesios 6:1-4; Colosenses 3:18-21

### Estructuras Familiares

**6.16** La iglesia reconoce y ministra a personas que viven en una variedad de estructuras familiares, incluyendo a quienes por preferencia o por otras circunstancias son solteros. La iglesia procura recibir a toda persona y grupos dentro de la vida familiar de la comunidad del pacto.[120]

1. ¿Qué variedad de estructuras familiares conoce usted?
2. ¿Qué diferentes tipos de personas y grupos hay en la vida familiar de la iglesia?

**Lectura para hoy**: 1 Corintios 7
1. ¿Cuál es el mensaje de hoy?

2. Mi desafío practico para hoy:

**Oración:**
*Señor Dios, reconocemos que la iglesia necesita ministrar a personas que viven en una variedad de estructuras familiares, incluyendo a quienes por preferencia o por otras circunstancias son solteros. Ayúdanos para ser una iglesia que procura recibir a toda persona y grupos dentro de la vida familiar de la comunidad del pacto. Amén.*

---

[120] **6.16** Hechos 4:34-35; 1 Corintios 7, 12:14-26; 1 Juan 2:12-14

### El Matrimonio Bíblico

**6.17** El matrimonio es entre un hombre y una mujer para el beneficio mutuo de cada uno, sus hijos y la sociedad. Aunque el matrimonio está sujeto a la ley civil es primordialmente una relación de pacto delante de Dios. Como tal, simboliza la relación entre Cristo y su iglesia, y es la relación humana en la cual el amor y la confianza se conocen mejor.[121]

1. ¿Cuál es el matrimonio que reconoce la Escritura?
2. ¿Para quienes el matrimonio entre un hombre un y una mujer son un beneficio?
3. ¿Qué significa que el matrimonio sea una relación de pacto delante de Dios?

**Lectura para hoy**: Génesis 2:18-24
1. ¿Cuál es el mensaje de hoy?

2. Mi desafío practico para hoy:

**Oración:**
*Gracias Señor Dios por que el matrimonio bíblico es entre un hombre y una mujer para el beneficio mutuo de cada uno, sus hijos y la sociedad. También reconocemos que aunque el matrimonio está sujeto a la ley civil, es primordialmente una relación de pacto delante de ti. Como tal, simboliza la relación entre Cristo y su iglesia, y es la relación humana en la cual el amor y la confianza se conocen mejor.*
*Permítenos formas matrimonios estables y duraderos. Amén.*

---

[121] **6.17** Génesis 2:18-24; Isaías 54:5-6; Efesios 5:21-33; Apocalipsis 19:7-8, 21:2-3, 9

### Duración del Matrimonio Cristiano
**6.18** Como es una relación de pacto delante de Dios, el matrimonio es un compromiso para toda la vida que no se debe tomar a la ligera.[122]

1. ¿Por cuánto tiempo se casa uno?
2. ¿Qué significa "tomar a la ligera"?

**Lectura para hoy**: Romanos 7:2
1. ¿Cuál es el mensaje de hoy?

2. Mi desafío practico para hoy:

**Oración:**
*Entendemos Señor Dios que como el matrimonio es una relación de pacto delante de ti, es un compromiso para toda la vida que no se debe tomar a la ligera. Permite que quienes estamos casados podamos seguir creciendo en nuestra relación con nuestro esposo o esposa; y que quienes no se han casado aun puedan considerarlo muy seriamente. Amén.*

---

[122] **6.18** Génesis 2:21-24; Romanos 7:2

### El Matrimonio Cristian y la Monogamia
**6.19** Dado que el matrimonio es primordialmente una relación de pacto delante de Dios entre un hombre y una mujer, es inmoral e ilegal que cualquier persona tenga más de un cónyuge vivo.[123]

1. ¿Qué significa inmoral e ilegal?
2. ¿Qué significa tener más de un cónyuge vivo?

**Lectura para hoy**: Génesis 2:24
1. ¿Cuál es el mensaje de hoy?

2. Mi desafío practico para hoy:

**Oración:**
*Señor Dios, entendemos que dado que el matrimonio es primordialmente una relación de pacto delante de ti entre un hombre y una mujer, es inmoral e ilegal que cualquier persona tenga más de un cónyuge vivo. Oramos que las parejas puedan llegar a complementarse mutuamente. Amén.*

---
[123] **6.19** Génesis 2:24; 1 Corintios 7:2

### La Relación Matrimonial

**6.20** Cuando la debilidad humana y el pecado amenazan la relación matrimonial, la comunidad del pacto tiene la responsabilidad de preservar la santidad del matrimonio y ayudar a los esposos a fortalecer su relación. Si un matrimonio se disuelve por divorcio, la comunidad del pacto es responsable de ministrar a las víctimas incluyendo a los niños del matrimonio, y de aconsejar a las personas divorciadas que contemplan la posibilidad de casarse de nuevo.[124]

1. ¿Qué puede amenazar la relación matrimonial?
2. ¿Cuál es la responsabilidad de la iglesia con las parejas de la iglesia?
3. ¿Cuál es la responsabilidad de la iglesia si un matrimonio de disuelve por divorcio?

**Lectura para hoy**: Mateo 19:1-12
1. ¿Cuál es el mensaje de hoy?

2. Mi desafío practico para hoy:

**Oración:**
*Señor Dios, cuando la debilidad humana y el pecado amenazan la relación matrimonial, reconocemos que la iglesia tiene la responsabilidad de preservar la santidad del matrimonio y ayudar a los esposos a fortalecer su relación. Si un matrimonio se disuelve por divorcio, la iglesia también es responsable de ministrar a las víctimas incluyendo a los niños del matrimonio, y de aconsejar a las personas divorciadas que contemplan la posibilidad de casarse de nuevo. Permite que en la iglesia haya muchas relaciones matrimoniales estables. Amén.*

---

[124] **6.20** Mateo 5:31-32; 1 Corintios 12:12-27

### Preparación Para el Matrimonio

**6.21** La iglesia tiene la responsabilidad de ayudar a las personas a prepararse para el matrimonio, las responsabilidades paternales y la vida familiar bajo el señorío de Jesucristo.[125]

1. ¿Cuál es la responsabilidad de la iglesia con los que intentan casarse?
2. ¿Qué significa estar bajo el señorío de Cristo?

**Lectura para hoy**: Proverbios 31:10-31
1. ¿Cuál es el mensaje de hoy?
2. Mi desafío practico para hoy:

**Oración:**
*Señor Dios nosotros reconocemos la gran responsabilidad que tiene la iglesia de ayudar a las personas a prepararse para el matrimonio, las responsabilidades paternales y la vida familiar bajo el señorío de Jesucristo. Oramos por quienes están solteros y por quienes se casaran. Amén.*

---

[125] **6.21** Efesios 5:21-33; 6:1-4

**Necesidades de la Personas**

**6.22** La iglesia tiene la responsabilidad de ministrar a las necesidades de las personas en todas sus crisis, incluyendo enfermedades físicas y emocionales, angustias económicas, desastres naturales, accidentes causados por el descuido y muerte.[126]

1. ¿Cuándo la iglesia tiene la responsabilidad de ministrar a las personas?

**Lectura para hoy**: Hechos 4:32-37
1. ¿Cuál es el mensaje de hoy?

2. Mi desafío practico para hoy:

**Oración:**
*Señor Dios nosotros reconocemos la responsabilidad que tiene la iglesia de ministrar a las necesidades de las personas en todas sus crisis, incluyendo enfermedades físicas y emocionales, angustias económicas, desastres naturales, accidentes causados por el descuido y muerte. Ayúdanos a ser parte de quienes ministrar a los otros. Amén.*

---

[126] **6.22** Hechos 2:44-45, 4:32-37, 6:1-3; Romanos 12:4-21; 1 Corintios 12:14-27; Gálatas 6:1-2; Colosenses 3:12-14; 1 Tesalonicenses 5:14-15

# El Día del Señor

### El Día del Señor

**6.23** El Creador ha dado un día de los siete en la semana para reflexionar de manera especial sobre la naturaleza y las obras de Dios. Desde el principio del mundo hasta la resurrección de Cristo, el séptimo día de la semana, conocido como el día de reposo, fue el Día del Señor. Después de la resurrección de Cristo, los cristianos celebran el primer día de la semana como Día del Señor.[127]

1. ¿Qué es el Día del Señor?
2. ¿Qué se debe hacer el Día del Señor?
3. ¿Por qué los cristianos no guardan el día de reposo sino el Día del Señor?

**Lectura para hoy**: Hechos 20:7
1. ¿Cuál es el mensaje de hoy?

2. Mi desafío practico para hoy:

**Oración:**
*Tú, Señor Dios, el Creador has dado un día de los siete en la semana para reflexionar de manera especial sobre la naturaleza y tus obras. Desde el principio del mundo hasta la resurrección de Cristo, el séptimo día de la semana, conocido como el día de reposo, fue el Día del Señor. Después de la resurrección de Cristo, los cristianos celebramos el primer día de la semana como Día del Señor. Amén.*

---

[127] **6.23** Génesis 2:2-3; Éxodo 20:8-11, 23:12; Juan 20:19; Hechos 20:7

### Observancia del Día del Señor

**6.24** Las actividades apropiadas para el Día del Señor incluyen la adoración, el estudio, el hacer buenas obras y otras actividades que conduzcan a la renovación. La observancia apropiada del Día del Señor enriquece la calidad de vida en los demás días.[128]

1. ¿Cuáles son las actividades apropiadas para el Día del Señor?
2. ¿En que forma la observancia del Día del Señor enriquece la calidad de vida en los demás días?

**Lectura para hoy**: Mateo 12:1-14
1. ¿Cuál es el mensaje de hoy?

2. Mi desafío practico para hoy:

**Oración:**
*Señor Dios, entendemos que actividades apropiadas para el Día del Señor incluyen la adoración, el estudio, el hacer buenas obras y otras actividades que conduzcan a la renovación. Permítenos entender que la observancia apropiada del Día del Señor enriquece la calidad de vida en los demás días. Amén.*

---

[128] **6.24** Isaías 58:13-14; Mateo 12:1-14; Juan 7:23-24; 1 Corintios 16:1-2

# Votos y Juramentos Legales

### Juramentos Legales

**6.25** Los cristianos deben comprometerse por juramento o promesa sólo con las promesas justas y buenas que puedan razonablemente cumplir.[129]

1. ¿Cuándo pueden los cristianos comprometerse por juramento o promesa?

**Lectura para hoy**: Levítico 19:12
1. ¿Cuál es el mensaje de hoy?

2. Mi desafío practico para hoy:

**Oración:**

*Señor Dios , la Escritura nos llama a comprometernos por juramento o promesa sólo con las promesas justas y buenas que podamos razonablemente cumplir. Ayúdanos a ser cuidadosos con nuestros juramentos. Amén.*

---

[129] **6.25** Levíticos 19:12; Salmos 116:12-14; Eclesiastés 5:2

### El Voto
**6.26** El voto es parecido al juramento y se debe hacer con cuidado, cumplir con fidelidad, y guardar con integridad. Las personas sólo deben comprometerse a hacer cosas que están de acuerdo con las Escrituras.[130]

1. ¿Cómo debe hacerse el voto?
2. ¿Qué significa que los creyentes solo deben comprometerse a hacer cosas que están de acuerdo con las Escrituras?

**Lectura para hoy**: Números 30:2
1. ¿Cuál es el mensaje de hoy?

2. Mi desafío practico para hoy:

**Oración:**
Señor Dios, entendemos que el voto es parecido al juramento y se debe hacer con cuidado, cumplir con fidelidad, y guardar con integridad. Y que las personas sólo debemos comprometernos a hacer cosas que están de acuerdo con las Escrituras. Danos sabiduría cada día. Amén.

---

[130] **6.26** Números 30:2; Deuteronomio 23:21-23; Eclesiastés 5:4-5; Mateo 5:33-37

# El Gobierno Civil

### El Gobierno Civil

**6.27** El propósito del gobierno civil es habilitar la creación de Dios para que viva bajo principios de justicia y orden. Al mantener fielmente el bienestar de la creación de Dios, el gobierno civil está dentro de los propósitos divinos y funciona como un instrumento útil para habilitar a la gente para que viva en armonía y paz.[131]

1. ¿Cuál es el propósito del gobierno civil?
2. ¿Cuándo el gobierno civil está dentro de los propósitos de Dios?
3. ¿Cuál es la función principal del gobierno civil?

**Lectura para hoy**: 1 Timoteo 2:1-2
1. ¿Cuál es el mensaje de hoy?

2. Mi desafío practico para hoy:

**Oración:**
*Entendemos Señor Dios que el propósito del gobierno civil es habilitar tu creación, para que viva bajo principios de justicia y orden. Y que al mantener fielmente el bienestar de tu creación, el gobierno civil está dentro de los propósitos divinos y funciona como un instrumento útil para habilitar a la gente para que viva en armonía y paz. Así que hacemos plegarias, oraciones, suplicas y acciones de gracias por todos, especialmente por los gobernantes. Amén.*

---

[131] **6.27** 2 Samuel 23:3-4; 2 Crónicas 19:5-7; Salmos 72:1-4, 82:1-4; Romanos 13:1-7; 1 Timoteo 2:1-2; 1 Pedro 2:13-17

### Participación en el Gobierno Civil

**6.28** Es el deber del pueblo participar en el gobierno civil a través de los medios que le sean proporcionados, especialmente en el ejercicio del derecho al voto. Es deber de los cristianos desempeñar los cargos civiles para los cuales estén capacitados, con el propósito de trabajar por la justicia, la paz y el bienestar común.[132]

1. ¿Cómo pueden los creyentes participar en el gobierno civil?
2. ¿Deben desempeñar cargos civiles los cristianos?
3. ¿Cuál es el propósito de desempeñar cargos civiles?

**Lectura para hoy**: Mateo 22:15-21
1. ¿Cuál es el mensaje de hoy?

2. Mi desafío practico para hoy:

**Oración:**
*Entendemos Señor Dios que es el deber nuestro participar en el gobierno civil a través de los medios que se nos sean proporcionados, especialmente en el ejercicio del derecho al voto. También que es deber de los cristianos desempeñar los cargos civiles para los cuales estemos capacitados, con el propósito de trabajar por la justicia, la paz y el bienestar común. Oramos que podamos ser útiles en los asuntos de nuestro gobierno civil. Amén.*

---

[132] **6.28** Mateo 17:27, 22:15-21; Romanos 13:1-7; 1 Timoteo 2:1-3; Tito 3:1; 1 Pedro 2:13-17

### El Gobierno Civil y la Iglesia
**6.29** El gobierno civil y las personas elegidas para cargos civiles no pueden asumir el control sobre la iglesia o su administración en asuntos de fe y práctica. Sin embargo, su deber es proteger la libertad religiosa de todas las personas y preservar el derecho que las organizaciones religiosas tienen de reunirse sin interferencia.[133]

1. ¿Por qué el gobierno y las personas elegidas para cargos civiles no pueden asumir el control sobre la iglesia o su administración?
2. ¿Cuál es el deber del gobierno civil y de las personas elegidas para cargos civiles referente a la iglesia?

**Lectura para hoy**: 2 Crónicas 26:16-18
1. ¿Cuál es el mensaje de hoy?

2. Mi desafío practico para hoy:

**Oración:**
*Es claro Señor Dios que el gobierno civil y las personas elegidas para cargos civiles no pueden asumir el control sobre la iglesia o su administración en asuntos de fe y práctica. Pero si es su deber proteger la libertad religiosa de todas las personas y preservar el derecho que las organizaciones religiosas tienen de reunirse sin interferencia. Gracias por la libertad que tenemos en nuestro país para reunirnos libremente. Amén.*

---
[133] **6.29** 2 Crónicas 26:16-18

### Llamado a la Justicia
**6.30** La comunidad del pacto, gobernada por Cristo el Señor, se opone, resiste y procura cambiar toda circunstancia de opresión, ya sea política, económica, cultural o racial, por la cual se les niegue a las personas la dignidad esencial que Dios estableció para ellas cuando las creó.[134]

1. ¿Cómo puede la iglesia oponerse, resistir y procurar cambiar toda circunstancia de opresión?
2. ¿Qué significa dignidad esencial?

**Lectura para hoy**: Salmos 82:3-4
1. ¿Cuál es el mensaje de hoy?

2. Mi desafío practico para hoy:

**Oración:**
 Señor Dios entendemos que la iglesia, gobernada por Cristo el Señor, debe oponerse, resistir y procurar cambiar toda circunstancia de opresión, ya sea política, económica, cultural o racial, por la cual se les niegue a las personas la dignidad esencial que tú, Dios, estableciste para ellas cuando las creaste. Danos sabiduría y entendimiento cada día para hacer tu voluntad. Amén.

---
[134] **6.30** Deuteronomio 15:7-11; Salmos 41:1-3, 82:3-4; Proverbios 21:13, 29:4-14

### Acciones de Justicia

**6.31** La comunidad del pacto afirma el señorío de Cristo quien buscó a los pobres, los oprimidos, los enfermos y los desamparados. La iglesia en su vida corporal y por medio de sus miembros aboga por todas las víctimas de la violencia y por todos aquellos a quienes la ley o la sociedad traten como seres inferiores a las personas por las cuales Cristo murió. Dicha defensa implica no sólo la oposición a leyes injustas y otras formas de injusticia, sino más aún implica apoyar las actitudes y acciones que encarnen el ejemplo de Cristo, el cual es vencer el mal con el bien.[135]

1. ¿Qué significa abogar?
2. ¿Qué significa "actitudes y acciones que encarnen el ejemplo de Cristo"?

**Lectura para hoy**: Mateo 9:35-38
1. ¿Cuál es el mensaje de hoy?

2. Mi desafío practico para hoy:

**Oración:**
*Entendemos Señor Dios el llamado de la iglesia, a afirmar el señorío de Cristo, quien buscó a los pobres, los oprimidos, los enfermos y los desamparados. Y que la iglesia en su vida corporal y por medio de sus miembros debe abogar por todas las víctimas de la violencia y por todos aquellos a quienes la ley o la sociedad traten como seres inferiores a las personas por las cuales Cristo murió. Dicha defensa implica no sólo la oposición a leyes injustas y otras formas de injusticia, sino más aún implica apoyar las actitudes y acciones que encarnen el ejemplo de Cristo, el cual es vencer el mal con el bien. Amén.*

---

[135] **6.31** Mateo 9:35-38, 14:14, 15:32-39; Romanos 12:19-21

### El Ministerio de la Reconciliación

**6.32** Dios da el mensaje y el ministerio de la reconciliación a la iglesia. La iglesia como cuerpo y por medio de sus miembros individuales procura promover la reconciliación, el amor y la justicia entre todas las personas, clases, razas y naciones.[136]

1. ¿Qué es el ministerio de la reconciliación?
2. ¿Cuál es el propósito del ministerio de la reconciliación?

**Lectura para hoy**: 2 Corintios 5:18-20
1. ¿Cuál es el mensaje de hoy?

2. Mi desafío practico para hoy:

**Oración:**
  Tú, Dios, has dado el mensaje y el ministerio de la reconciliación a la iglesia. La iglesia como cuerpo y por medio de nosotros los miembros individuales somos llamados, entendemos, a procurar promover la reconciliación, el amor y la justicia entre todas las personas, clases, razas y naciones. Permítenos ser miembros activos en este ministerio de reconciliación. Amén.

---

[136] **6.32** Mateo 28:18-20; 2 Corintios 5:18-20

# 7.00
# DIOS CONSUMA TODA LA VIDA Y LA HISTORIA

# La Muerte y la Resurrección

### La Muerte

**7.01** La muerte es tanto una realidad física como espiritual. Por lo tanto, la iglesia tiene el privilegio y el deber de proclamar que en Jesucristo Dios actúa para rescatar a las personas de la esclavitud de la muerte tanto en espíritu como en cuerpo.[137]

1. ¿Qué es la muerte?
2. ¿Qué significa que la muerte sea también una realidad espiritual?
3. ¿Cuál es entonces el privilegio y deber de la iglesia?

**Lectura para hoy**: Juan 5:24
1. ¿Cuál es el mensaje de hoy?

2. Mi desafío practico para hoy:

**Oración:**
La muerte, Señor Dios del Cielo, entendemos, es tanto una realidad física como espiritual. Por lo tanto, la iglesia tiene el privilegio y el deber de proclamar que en Jesucristo, tú, Dios, actúas para rescatar a las personas de la esclavitud de la muerte tanto en espíritu como en cuerpo. Úsanos en la proclamación del evangelio a aquellos que nos rodena. Amén.

---

[137] **7.01** Génesis 2:17; 3:19; Job 14:1-2, 10-12, 30:23; Salmos 103:15-16; Juan 5:24, 11:25-26; Hechos 4:1-2, 17:17-18, 30-31, 24:14-15; Romanos 5:12; 1 Corintios 15:12-57; Efesios 2:1-8; 2 Timoteo 1:8-10; Hebreos 2:14-15; Santiago 1:15; 1 Pedro 1:3-5; 1 Juan 3:14; Apocalipsis 1:17-18

### La Redención Completa

**7.02** Quienes han sido regenerados en Cristo viven con una esperanza gozosa y segura de que después de la muerte su redención será completa en la resurrección del cuerpo.[138]

1. ¿Cuál es la esperanza de quienes han sido regenerados en Cristo?
2. ¿Qué se entiende por redención completa?

**Lectura para hoy**: Romanos 8:11
1. ¿Cuál es el mensaje de hoy?

2. Mi desafío practico para hoy:

**Oración:**
 *Gracias Señor Dios porque quienes han sido regenerados en Cristo viven con una esperanza gozosa y segura de que después de la muerte su redención será completa en la resurrección del cuerpo. Gracias por tu Espíritu que levantó a Jesús de entre los muertos vive en nosotros y dará vida a nuestros cuerpos mortales. Amén.*

---

[138] **7.02** Romanos 8:11; 1 Corintios 15:12-57; 2 Corintios 5:1-10; Filipenses 3:20-21; 1 Tesalonicenses 4:13-18; 1 Pedro 1:3-9; 1 Juan 3:1-2

### La Resurrección de los Muertos
**7.03** Así como en la regeneración la persona completa es resucitada a la vida nueva en Cristo, así también en la resurrección de los muertos la persona completa es levantada para vivir y gozarse de la presencia de Dios para siempre.[139]

1. ¿Qué significa que la persona completa es resucitada a la vida nueva en Cristo?
2. ¿Qué pasara en la resurrección de los muertos?

**Lectura para hoy**: 1 Tesalonicenses 4:13-19
1. ¿Cuál es el mensaje de hoy?

2. Mi desafío practico para hoy:

**Oración:**
*Gracias Señor por la verdad de que así como en la regeneración la persona completa es resucitada a la vida nueva en Cristo, así también en la resurrección de los muertos la persona completa es levantada para vivir y gozarse de tu presencia para siempre. Esto nos da gozo y esperanza. Amén.*

---
[139] **7.03** 1 Tesalonicenses 4:13-19, 5:9-10

### Redención Plena sin Juicio
**7.04** Los creyentes tienen la seguridad de haber pasado de la muerte del pecado a la vida con Dios. Esperan con confianza la redención plena sin temor de ser juzgados. ¡Gracias a Dios quien da esta victoria por medio del Señor Jesucristo![140]

1. ¿Qué significa pasar de la muerte del pecado a la vida con Dios?
2. ¿Qué significa que los creyentes esperan con confianza la redención plena sin temor de ser juzgados?
3. ¿Cuál es la victoria que da Dios por medio del Señor Jesucristo?

**Lectura para hoy**: 1 Corintios 15:51-57
1. ¿Cuál es el mensaje de hoy?

2. Mi desafío practico para hoy:

**Oración:**
*Gracias Señor Dios por la promesa de que los creyentes tenemos la seguridad de haber pasado de la muerte del pecado a la vida contigo. Esperamos, entonces, con confianza la redención plena sin temor de ser juzgados. ¡Gracias Dios que das esta victoria por medio de nuestro Señor Jesucristo! Amén.*

---

[140] **7.04** Juan 3:14-18, 36; 1 Corintios 15:51-57; 2 Corintios 5:1-5; 1 Juan 3:1-2, 5:12

# El Juicio y la Consumación

### El Juicio de Dios

**7.05** El juicio de Dios es tanto presente como futuro. Las personas experimentan el juicio de Dios en muchas formas, incluyendo la ruptura de relaciones rotas con Dios y con los demás, la culpa y las consecuencias de sus propias acciones y la ansiedad que viene por la falta de confianza en la fidelidad de Dios y por la falta de propósito en la vida.[141]

1. ¿Qué significa que el juicio de Dios es tanto presente como futuro?
2. ¿Cómo experimentan las personas el juicio de Dios?

**Lectura para hoy:** Juan 3:16-21
1. ¿Cuál es el mensaje de hoy?

2. Mi desafío practico para hoy:

**Oración:**
*Tu juicio, Señor Dios eterno, es tanto presente como futuro. Las personas experimentamos tu juicio, Señor, en muchas formas, incluyendo la ruptura de relaciones rotas contigo y con los demás, la culpa y las consecuencias de nuestras propias acciones y la ansiedad que viene por la falta de confianza en la fidelidad tuya y por la falta de propósito en la vida. Gracias por la verdad de que tu no enviaste al Hijo para condenar al mundo, sino para salvarlo por medio de él. Amén.*

---

[141] **7.05** Eclesiastés 12:13-14; Mateo 25:31-46; Juan 3:16-21, 5:25-29; Hechos 17:19-31; Romanos 14:7-12; 2 Corintios 5:9-10; Hebreos 9:27-28; 2 Pedro 2:4-10, 3:5-10; Apocalipsis 20:11-15, 21:8

### El Juicio de Dios en el Mundo
**7.06** El juicio de Dios se experimenta en la historia debido a la libertad que tienen las personas y las naciones para empeñarse en actos malos como las guerras, la lucha civil, la esclavitud, la opresión, la destrucción de los recursos naturales y la explotación política y económica. Dios aborrece todos estos actos que producen sufrimiento y muerte innecesarios.[142]

1. ¿Cómo se experimenta el juicio de Dios en la historia?
2. ¿Por qué aborrece Dios todos los actos que producen sufrimiento y muerte innecesarios?

**Lectura para hoy**: Gálatas 6:7-8
1. ¿Cuál es el mensaje de hoy?

2. Mi desafío practico para hoy:

**Oración:**
*Entendemos Señor Dios Padre que tu juicio, se experimenta en la historia debido a la libertad que tienen las personas y las naciones para empeñarse en actos malos como las guerras, la lucha civil, la esclavitud, la opresión, la destrucción de los recursos naturales y la explotación política y económica. Tú, Dios, aborreces todos estos actos que producen sufrimiento y muerte innecesarios. Ayúdanos a sembrar para agradar al Espíritu y del Espíritu cosechar vida eterna. Amén.*

---
[142] **7.06** Malaquías 3:5; Romanos 2:1-3; Gálatas 6:7-8

### El Infierno

**7.07** El juicio de Dios transciende esta vida, oponiéndose siempre a todo intento humano de negar su dependencia de Dios y de vivir sin arrepentimiento, fe y amor. Quienes rechazan la salvación de Dios en Jesucristo, permanecen apartados de Dios y sin esperanza, en esclavitud al pecado y a la muerte, este es el infierno.[143]

1. ¿Cuál es siempre el intento del corazón humano?
2. ¿Qué pasa con quienes rechazan la salvación de Dios en Jesucristo?
3. ¿Qué es el infierno?

**Lectura para hoy**: Lucas 16:19-31
1. ¿Cuál es el mensaje de hoy?

2. Mi desafío practico para hoy:

**Oración:**
*Por la Escritura Señor Dios, entendemos que tu juicio, transciende esta vida, oponiéndose siempre a todo intento humano de negar su dependencia de ti y de vivir sin arrepentimiento, fe y amor. Y quienes rechazan tu salvación en Jesucristo, permanecen apartados de ti y sin esperanza, en esclavitud al pecado y a la muerte, este es el infierno. Permítenos compartir la esperanza de la vida eterna con otras personas. Amén.*

---

[143] **7.07** Lucas 16:19-31; Juan 3:18-21, 36; Hebreos 9:27-28; Apocalipsis 20:11-15

### La Consumación

**7.08** En la consumación de la historia, en la venida de Jesucristo, los reinos del mundo llegarán a ser el reino del Señor y de Cristo, y El reinará para siempre.[144]

1. ¿Qué significa consumación?
2. ¿Qué pasará en la consumación de la historia humana?

**Lectura para hoy**: Apocalipsis 11:15-18
1. ¿Cuál es el mensaje de hoy?

2. Mi desafío practico para hoy:

**Oración:**
*Entendemos Señor Dios por la Escritura, que en la consumación de la historia humana, en la venida de Jesucristo, los reinos del mundo llegarán a ser el reino de ti, Señor y de Cristo, y tú reinarás para siempre. Aleluya!*

---

[144] **7.08** 1 Corintios 15:22-28; Apocalipsis 11:15-18, 12:10-12

www.ingramcontent.com/pod-product-compliance
Lightning Source LLC
Chambersburg PA
CBHW061308110426
42742CB00012BA/2102